木兰双城

Heroínas de ciudades gemelas

上海 – 巴塞罗那
女运动员的故事

**Historias de mujeres deportistas de
Shanghái y Barcelona**

上海市妇女联合会　主编

Editado por
la Federación de Mujeres de Shanghái

华东师范大学出版社
· 上海 ·

图书在版编目（CIP）数据

木兰双城：上海—巴塞罗那女运动员的故事 / 上海市妇女联合会主编. —上海：华东师范大学出版社，2020

ISBN 978-7-5760-1098-5

Ⅰ.①木… Ⅱ.①上… Ⅲ.①女性—运动员—生平事迹—世界 Ⅳ.①K815.47

中国版本图书馆CIP数据核字(2020)第261668号

木兰双城
——上海—巴塞罗那女运动员的故事

主　　编　上海市妇女联合会
责任编辑　夏海涵
审读编辑　朱晓韵　夏海涵
责任校对　时东明
装帧设计　卢晓红

出版发行　华东师范大学出版社
社　　址　上海市中山北路3663号　邮编 200062
网　　址　www.ecnupress.com.cn
电　　话　021-60821666　行政传真 021-62572105
客服电话　021-62865537　门市（邮购）电话 021-62869887
地　　址　上海市中山北路3663号华东师范大学校内先锋路口
网　　店　http://hdsdcbs.tmall.com/

印 刷 者　苏州工业园区美柯乐制版印务有限责任公司
开　　本　889×1194　32开
印　　张　8.75
字　　数　178千字
版　　次　2020年12月第1版
印　　次　2020年12月第1次
书　　号　ISBN 978-7-5760-1098-5
定　　价　68.00元

出 版 人　王　焰

（如发现本版图书有印订质量问题,请寄回本社客服中心调换或电话021-62865537联系）

编辑委员会

谨以此书献给在抗击新冠疫情中仍奋力备战奥运的中西两国女运动员们！并向为战胜疫情作出贡献的女性致敬！

Este libro va dedicado a las deportistas chinas y españolas que a lo largo del período de pandemia siguen con duro entrenamiento para los Juegos Olímpicos. ¡Homenaje también a todas las mujeres que han hecho su contribución a la lucha contra la Covid-19!

目　录

Índice

两座友好城市的美丽纽带

　　位于东海之滨的上海，以"海纳百川，兼容并蓄"的海派文化和勇于创新的精神，被世人称为"魔都"。

　　上海女性，优雅时尚，创新进取，家庭与事业并重，为东方佳丽添彩。在道路纵横交错的上海，在深深的弄堂和独具特色的石库门里，上海女性不仅保留着小家碧玉的婉约，还传承着心灵手巧的聪慧。从石库门走出来的体坛巾帼英雄，与她们的男同胞相比，更是毫不逊色。

　　无论是驰骋绿茵场的足球小姐孙雯，还是乒坛左抽右杀一路闯关的女将曹燕华；无论是射击场气定神闲一举夺冠的陶璐娜，还是搏击泳池屡屡勇夺金牌的乐靖宜，以及重剑赛场上与剑融为一体英姿飒爽的仲维萍，她们不仅有着上海女性的内秀，还兼具东方女性敢于拼搏、敢为人先的顽强性格。她们是上海女性的杰出代表，也为世界所瞩目。

　　通过体育赛事这条纽带，中国女运动员们还结识了地中海沿岸的美丽城市西班牙巴塞罗那。巴塞罗那哥特风格浓郁的教堂、惊心动魄的斗牛和西班牙人最引以为豪的足球，还有热情好客的市民，都让体坛女将们津津乐道。

而远渡重洋、到访上海的巴塞罗那体坛女中豪杰艾瑞卡·维亚辛哈·加西亚，说起上海的城隍庙、伟岸而玲珑的东方明珠、外滩的"万国建筑"、令人流连忘返的南京路和田子坊、令人垂涎欲滴的小吃，也是眉飞色舞，赞不绝口。

本书以女性细腻、委婉的笔触，形象生动地刻画了两个城市体坛女将夺冠的艰辛和对上海、巴塞罗那的美好印象。阅读这本书，可以洞察女将丰富的内心世界，可以体会女性间独有的、滋润心田的有益感悟。

进入充满希望的新时代，上海与巴塞罗那，这两座姐妹城市，必将承载着两地女性对美好生活的向往，为着更加美好的未来而不懈努力。

上海市妇女联合会

揭示沉默的价值
——上海与巴塞罗那女运动员的故事

　　"巴塞罗那—上海女性桥"这个让职业女性寻找富有尊严和创新的人生的平台，自2009年创立迄今已经十年有余了。

　　今天，我们终于可以将自己定义的生活通过这本书分享给大家了。本书集中展现巴塞罗那、上海两地为社会创造巨大价值、为妇女交流牵线搭桥的职业女运动员的观点。这些杰出女性，代表了21世纪全球化体系中参与世界和城市发展变革的不可忽视的"她"力量。书中的她们将概述自己的经历，诠释她们对"城市""东方""女性""桥"这些词语的理解。

　　正如中国的阴阳平衡理念，男女两性并非相互对抗的两大群体。所以，与这些杰出女性运动员的对话能让更多的人倾听女性内心深处的声音。让我们开启一段心灵的旅程，重新寻找生命征途中的尊严和创新——这是女性与生俱来的特质，但在平时谈论时往往会忘记它们的存在。

社会需要承认女性力量的存在。因此，我们能做的是开启不同文化之间的对话、交流，相互信任，共同收获。

梅尔赛·卡雷拉斯–索拉纳斯博士
"巴塞罗那—上海女性桥"项目主席

1973年出生的孙雯，是世界著名足球运动员。1996年亚特兰大奥运会，在她和队友共同努力下，中国队进入决赛并获亚军。1999年第三届女子世界杯足球赛中，她以漂亮的7次进球成为最佳射手，并被评为最佳球员。在中国，她是大家喜爱和尊敬的"铿锵玫瑰"。

　　而在西班牙，1988年出生的马尔塔·乌苏埃·乌丹尼兹是一朵"小玫瑰"，她曾是巴塞罗那足球俱乐部队长，是一名防守型的中场球员，偶尔会出现在西甲巴萨的右翼位置，也参加了欧洲女子冠军联赛。

　　足球是圆的。她们都感受过驰骋绿茵的快意，也都体会过不及男足运动员的失落。起起落落之间，她们更加坚强勇敢。正是体育的魅力，给她们勇气，去超越一切世俗的成败，成就了她们的非凡人生。

孙雯：迷上全情投入的感觉

文 / 王伟祯

　　孙雯，世界著名足球运动员。1996年亚特兰大奥运会，在她和队友共同努力下，中国队进入决赛并获亚军。1999年第三届女子世界杯足球赛中，她以漂亮的7次进球成为最佳射手，并被评为最佳球员。在此次世界杯上，中国队获亚军。2000年悉尼奥运会上，孙雯荣获最佳射手。2000年12月，孙雯和美国名将米歇尔·阿科尔斯（Michelle Akers）被国际足联授予20世纪足球小姐（FIFA Women's Player of the Century）称号。2019年8月，孙雯当选中国足协副主席。

　　人总是在寻求认可的过程中，从青涩走向成熟。上体校时，教练的认可在孙雯的心里播下了自信的种子；入国家队后，队友、同行的认可让她获得职业生涯的成功和巨大的幸福感；现在，周围的声音已不再重要，随心出发的她在新的领域中寻求自我认可。

天鹅也有丑小鸭的那刻

在很多人眼里，天赋是隐秘而难以捉摸的。

其实，不用刻意寻找，天赋会让你爱上它，并引领你的人生轨迹靠近它。

孙雯说：如果你发自内心地热爱，愿意不计得失地付出时间精力努力去做一件事，那么这件事往往是天赋所在。

足球于她就是如此。

小学时，孙雯总是穿着白衬衫、卡其布裤子，脚蹬白色飞跃牌球鞋，一下课就拉着小伙伴们组织足球比赛。狭窄的走廊是赛场，走廊尽头的墙壁是球门，用废纸捏成一团的是足球，将球踢到墙壁上就算进球得分。虽然场地局促，每一场"比赛"只有短短的十分钟，但她依然尽情地享受踢球的快乐。或许是踢球时的全神贯注，或许是进球时的欣喜若狂，班主任看她这么喜欢足球，便鼓励她参加小学生运动会。

运动会区预赛的足球女生组一共才两个队，她和朋友们轻轻松松地拿下了第一，顺利晋级去参加市里比赛。为了赛出好成绩，体育老师每周都给足球队的女生们开小灶，每次训练结束，每个孩子都能得到一杯麦乳精和两块饼干——这是区里给参赛小运动员们的营养补贴。在那个物质匮乏的年代，同学中要是谁有一块巧克力都能让人羡慕半天。享受甜丝丝的麦乳精和松脆的饼干对这群孩子来说是最开心的时光。这份小小的犒劳，让辛苦的训练变成了一桩美事，以至孙雯现在仍对那份单纯简单的快乐念念不忘。

然而，市里的比赛不会像区预赛那样轻松了。不少小运动员曾在少体校受过规范训练，脚下的基本功与她们这群"非正规军"不可同日而语。第一场比赛，她们就以1∶8惨败，最后仅得了个倒数第二，而倒数第一是因缺席而退出比赛的队伍。随着比赛结束，这支小球队解散了，但孙雯的足球梦才刚刚开始——短暂的训练留下的美好记忆让她对足球更添一份好感，也更想亲近、了解这项运动。因此，小升初的时候，当体育老师对她说"既然这么爱运动，就去试试考体校"，她心动了。

出于好心，这位老师给她提了个建议：报名举重吧，这个项目冷门而且最容易出成绩。可她回答："不，我是因为喜欢足球才去那里的，要报就报足球。"回家后，她把这个决定告诉父母，却迎来一盆冷水：练体育那么苦，成材率那么低，别去了。但她不以为然，非去一试不可。平时喜欢看足球比赛的父亲拗不过她，陪着她去体校参加考试。当天参加考试的有100多人，孙雯第一次发现有那么多女孩和她一样喜欢踢球。考试只能录取6个人。虽然动作不规范，但她总能神奇地得到射门机会，而且老队员示范的基本动作她能很快掌握，这个富有灵气的小姑娘一下子引起了教练的关注，被幸运地录取了。

孙雯是带着仰视的心情走进市体校的。一想到以前在比赛时赢自己十几个球的队员将和自己一起学习、训练，孙雯心中就会莫名地激动。

然而在体校最初的几年中，孙雯的表现就像一只丑小鸭。

当时学校注重的是扎实的基本功，流行的是苏联模式的苦练。在体能训练中，她并不出挑。最让她头大的是围着操场五圈的2000米耐力跑。有一次进行3公里耐力跑时，最后一圈她是一边哭一边坚持下来的。更重要的是，由于接触正规训练时间较晚，在进体校的前几年，她那"野路子"的踢球动作和方式总是遭到嘲笑。"那时确实是技不如人嘛！"好脾气的她面对这些讪笑倒也坦然。

然而，队员中最不起眼的她却被教练发现了成为"天鹅"的潜质。

一次，教练在给她们这些孩子开会时说："你们不要笑她，可能最后出来的就是她了。"教练看好她的原因恰恰就是"野路子"踢法：正因为接触机械的基本功训练较晚，她在和小伙伴玩球过程中创造性被很好地保护、发展起来，使她在球场上更灵活，得到更多射门机会。别人眼中的缺点，变成了另一种幸运。

　　"教练说这句话时是在宿舍里，他站在上下铺的床边。"记得那么清楚，可见这句话对孙雯确实产生了深远的影响。它就像一束光照在她的身上，小小的认可成为一粒自信的种子，在她的心里生根发芽。

用最擅长的技术获得认可

　　教练的预言果然应验了，1989年孙雯第一次入选上海队。这年她才十六岁，正是最敢于热情地伸出双手拥抱未来，又最容易因现实受挫陷入迷茫的年纪。当她满怀期待地进入上海队，却发现一切与预想的完全不同：老队员们在训练时懒懒散散，训练结束后对新队员颐指气使。这样的队伍能出成绩吗？她看不到前进的方向，想要放弃踢球，想要读书，这些念头让她更感孤独。

　　"这里待着没意思，我要回去读书。"在电话里，她脱口而出，把这个决定告诉了爸妈。

　　"没意思？那什么才是有意思呢？"爸爸妈妈连夜赶来，"既然选择了，就要坚持到底，做好它。怎么能说放弃就放弃？"当初妈妈是最反对她进体校踢足球的，但这次也是最反对她轻言放弃的。由于父母反对，她只能怀着满肚子委屈继续踢下去了。"当时心里也曾埋怨过父母的不理解，但是现在

2016年孙雯参加FIFA年度大会

必须承认父母比我看得更理性。"现在回头看，多亏了父母的坚持，尽管内心并不坚定，但仍旧热爱足球的信念，最终成就了孙雯。

时间一晃到了1993年，老队员要退役了。她们想赢得最后的比赛，为运动员生涯画上一个漂亮的句号。然而，没有团队精神，没有那份发自内心的专注，幸运之神不会降临，即使场上90分钟再拼也无法赢得胜利。退役那天，老队员们抱作一团，哭得很伤心。孙雯看着她们，心里暗暗发誓：付出了那么多的辛苦，却一切徒劳，这是我们自己的问题，最大的敌人是我们自己。做老队员的时候，一定要维护队里的正气和公平，也绝不会像她们那样带着遗憾、流着泪退役。

那么该如何才能打好比赛，赢得胜利呢？足球是团队项目，尽管优秀的球员可以赢得一场比赛，成为所谓的灵魂人物；但只有一个真正的团队，才能获得最终的胜利。

在场上，队员之间是用脚来交流的，也是靠球场上的表现来推举出领导者的。在球队中，孙雯的话不多，身体条件和技能都不算是最好的，但是受强队压制的时候，她能挺身而出，把球牢牢控制在脚下，一个成功的抢断，一个漂亮的传球和一次突破，都能提升球队的士气；在遇到弱队时，如果50分钟也没进球，那么急躁的情绪就会在队员中传播开来，在这种僵持的情况下，她能以一记漂亮的射门得分，提振士气……她成为了大家心目中认可的队长。

媒体写到孙雯时，总喜欢用"铿锵玫瑰"来形容她，但是在她眼里，顽强拼搏是每个专业运动员的职业素养而已。她最自信、自豪的，是在场上关键的时刻表

1999年孙雯参加世界杯所穿的球衣球鞋，现收藏于足联博物馆

现出随机应变的创造力。

葡萄牙的阿尔加夫气候宜人，当每年 3 月温暖的春季来临时，不仅是南欧球队，北欧强队也会来此集训。于是，各国球队自发组织起了行业内的比赛"阿尔加夫赛"。这项赛事逐步成为国际足联下的一项重要赛事，被行内人称为"小世界杯"。

在阿尔加夫的赛场上，观众只有寥寥一两百人，但都是国家级的专业运动员。在与美国队的一场对抗中，孙雯和队友打得顽强而精彩。在比赛的最后几分钟，教练出于战术需要将她换下场时，观众席上传来了阵阵掌声。在世界杯上，观众们鼓掌可能出于礼貌，也可能出自媒体所带来的光环下的从众心理，毕竟他们只是球迷的视角。而这里，掌声代表了同行的认可，认可她在强强对抗中展现出的魄力和应变力，认可她为球队创造出更多进球机会的真正技术。那一刻，她感到了巨大的幸福感，这也成了她职业生涯中最自豪的一场比赛。

认可自己的努力才最重要

"我希望能找到一份像在球场一样'一上场'就能让我忘记一切烦恼的事业。"退役后，孙雯尝试过不少工作，记者、商务开发、对外交流、管理、教练……其中与足球专业相关的工作总能让她最心动。

2010年9月，孙雯出任上海女足教练。队员和教练是两个完全不同的角色。"如果把球队比作公司，教练相当于老板，队友则是同事。"从员工变成老板是质的改变。做运动员的时候，她只要照顾好自己就行，但作为教练，她要照顾好几十个人。场下如何组织科学的训练，提高队员技术？场上如何制定战术，将每个人安

2016年孙雯参加世界U-17会议，之后作为嘉宾为U-20世界杯分组抽签

排在最好的位置？还有如何做好团队建设，使大家紧密团结在一起？……

教练分很多种：民主型、权威型、子弹型……没有十全十美的管理模式，唯有适合自己的才是好的。孙雯，基于她自己的剖析，最理想的教练方式，应是具备一种沉默的领导力，不需用强硬的态度管理球员，也无需喋喋不休，只要相互尊重，就能珍惜彼此的相处，团结一致赢得比赛。就像她所敬重的一位法国教练所说的那样"在一起"，运气也就自然会来了。

但是，现实并非如此。

　　每个队员性格秉性各不相同，有的人适合和颜悦色的鼓励，有的人则需要措辞严厉的鞭策才能有进步，还有的人天生多心，会因一句无心的批评产生误解……她必须摸索着每个队员的心性，因人制宜。她也学会了当球队表现不佳时，特意用婉转的方式激励一下这帮心性颇高的队员们，例如，在她们面前淡淡地说起："上次我和某某地方队教练聊天时，他说他觉得现在上海队不行了。"根据现实状况的不同，调整自己的定位和方式，孙雯在教练的角色中不断进步、成熟。执教上海队的第一年，她和球队就在联赛、锦标赛中赢得了冠军。

　　成年球队中队员的技术能力、体能、速度、灵敏性大都定型，只能在上场位置的调整上人尽其用，或是平时训练时在心理建设上下功夫，使其心理更稳定、强大，将队伍的战斗力发挥到最佳，因此执掌成年球队的教练像一位运筹帷幄的司令；而青少年球队中，孩子的体能、技能都充满了无限的可塑性，教练可以像设计师那样有机会做出更富潜质的作品。这份工作无疑对她更有吸引力。2018年1月，孙雯出任女足青训部部长兼女足青训总监。

　　面对全新的领域，她毫不害怕："不断学习、前进就没有失败可言，真正的失败是放弃学习、前进的那刻。"

　　她又开始了新的思索：如何选材？用什么样的方式教导小学员，才能发掘其最大潜能？比起以前，现在的诱惑干扰更多，如何让孩子专注于训练？她年少时流行的军事化训练现在看来已经过时，该如何运用更科学合理的训练以达事半功倍的效果？她想起上学时，化学老师用上海话教学生们背元素周期表，琅琅上口，直到现在她一张口还能倒背如流；物理老师课堂上时时跨界，如教单词"news"时幽默地说这个词就是东南西北首字母的组合，这样她一下子5个单词都记住了。好教练不但得懂技术，还得懂得设置情景化教学模式，便于学员领悟技术要点。还有，有的孩子靠动作演示学得快，有的靠听老师讲解学得快，每个人学习方式不同，好教练还得善于发掘他们的学习方式，帮助他们掌握技术……不忘初心，发扬工匠精神，专注地把一件事做好就是成功。这是孙

孙雯参加中国足球委员会举办的会议

雯对人生成功的定义。"在执教时，我常常和队员说，外界的荣誉别太较真，感恩就好。别人说好，未必是好；别人说差，也未必就差。尽自己的力把事做好，从而认可自己的努力成果才是真正重要的事。"

关于
双城

问：您去过巴塞罗那吗？对那里有什么样的印象？

答：在巴塞罗那只停留了一个晚上，因此还没有机会好好逛逛城市的每个角落。但我知道，巴塞罗那的青训做得很好。偶尔，我会听拉丁歌曲，给人很舒服的感觉，从歌中我能感受到西班牙人的热情奔放。

问：你喜欢用什么词来形容故乡上海？

答：人文素质较高、适合精致生活的地方。走了那么多地方，最喜欢的还是上海。我喜欢它富有活力的世俗生活，它让人安静不下来，在这里总会让你富有激情、充满希望，总想要做些什么事，是个适合做事业的地方吧。可能是故乡的缘故吧，走在路上看到老字号，听到上海老阿姨用上海话相互打招呼，上出租车听到司机用上海话问"到哪里"很亲切。因此，这里又给我一种特别安稳、舒服的感觉。

问：有机会的话，你希望为巴塞罗那和上海之间建立一种怎样的桥梁？

答：西班牙有深厚的足球文化底蕴，拉玛西亚青训营是我最向往去学习、去看看的地方，有很多非常优秀的球队和运动员，我希望两座城市能在这方面有所交流。

马尔塔·乌苏埃·乌丹尼兹：
相信自己，相信同伴

马尔塔·乌苏埃·乌丹尼兹，1988年7月4日生于纳瓦拉贝里奥萨，曾是巴塞罗那足球俱乐部队长[1]。她是一名防守型的中场球员，偶尔会出现在西甲巴萨的右翼位置，也参加了欧洲女子冠军联赛。

马尔塔和她的双胞胎姐姐艾尔芭2006年来到巴塞罗那。她们从小就梦想着能与俱乐部签约。小时候在电视上看到的"胡安·卡洛斯叔叔"，她们在奥赛苏纳俱乐部时期甚至与之相遇了。她们俩先在当地的贝里奥萨队，然后到了奥赛苏纳队，一直到2006年18岁的时候，接到了巴萨的电话。这支队伍当时表现不佳，在第一赛季的时候遭到了降级。艾尔芭在四年之后离开了俱乐部，但是马尔塔留了下来，并在2015年维基离开之后，被任命为队长。

---

[1] 2018年7月马尔塔被租借到毕尔巴鄂竞技。2020年4月马尔塔宣布离开效力14年的巴萨，正式转会毕尔巴鄂竞技。

　　马尔塔2010年本科毕业于体育运动科学学院，并在2014年获得巴塞罗那大学营养与饮食专业硕士学位，同时还有二级教练证书。她喜欢旅行，了解其他文化和各地风土人情，她的大部分朋友都是足球界的。对她来说，家庭是最重要的，是她灵感的源泉和支柱。她迷恋足球，她说，现在的生活很幸福，已经实现了她的一个梦想，那就是在巴塞罗那俱乐部女队踢球，她非常喜欢队友间的氛围，在她们踢球的时候整支队伍就是一个集体。马尔塔选择"信任"来作为她的人生信条，当然另外一个词是"足球"。毫无疑问，她是一位战士，不管是在绿茵场上还是场下。生活中，她希望有更多时间去教女孩踢足球，让她们和她一样成为专业运动员。

巴塞罗那俱乐部比赛大事记

西甲（4）：2011—2012, 2012—2013, 2013—2014, 2014—2015

西乙（1）：2007—2008

女王杯（5）：2010—2011, 2012—2013, 2013—2014, 2016—2017, 2017—2018

加泰罗尼亚杯（9）：2009, 2010, 2011, 2012, 2014, 2015, 2016, 2017, 2018

欧洲女子冠军联赛四分之一决赛（2）：2013—2014, 2015—2016

欧洲女子冠军联赛半决赛（1）：2016—2017

马尔塔的精彩生活

——和我们分享一下你每天生活的关键词吧

问：每天早上从你内心深处会浮现出什么词？

答：体育！足球！那是我的生命和我所热爱的东西。

但同样还有信任——相信你自己，并把这种信任传递给
其他人。

问：你认为这个词和你身为女性有关吗？

答：不一定，虽然现在的确有很多女性热爱足球。

夺 冠

——云物如故乡

问：对你来说巴塞罗那意味着什么？

答：那是我第二个家，我觉得很舒服很安静。

问：在全世界你待过的城市中，哪座是最难忘的？

答：我去罗马的旅程非常难忘，我在那里度过了愉快的时光。

问：为什么那座城市对你来说有吸引力呢？

答：我尤其喜欢罗马的文化、艺术遗产、建筑、市民和美食。
　　罗马人给我感觉是他们很开朗、很亲切。

问：你在巴塞罗那能找到同样的吸引力吗？

答：是的，因为这两座城市的气候非常相似，人们也都非常
　　开朗和友好。两座城市都有深厚的文化底蕴，都有伟大
　　的艺术作品和历史遗迹。食物对我来说非常重要，这两
　　座城市都有美食。

问：巴塞罗那给你了哪些灵感？

答：巴塞罗那对我来说像家一样，我在这里待了很多年，这
　　里的静谧环境给了我很多灵感。

问：如果让你把巴塞罗那比作一项运动，你觉得是什么？

答：当然是足球。足球几乎是这个城市的代名词，因为我曾在
　　巴萨踢球，所以对我来说巴塞罗那是和足球息息相关的。

问：你会建议国外的女性朋友来巴塞罗那工作或者继续学业
　　吗？为什么？

答：会啊，因为我认为在这座城市里面应有尽有。不管来这

抢　球

里工作还是消遣，你可以在这里享受很多东西，这座城市有丰富的娱乐活动和文化，还有美食。

问： 1992年的巴塞罗那奥运会对你来说或多或少有什么特别的意义吗？

答： 那时候我还很小，但是我通过家人、朋友和体育人确实认识到巴塞罗那奥运会对于这座城市的各方面都起到了促进作用。巴塞罗那奥运会不仅让体育界、也让国际社会对巴塞罗那增进了解，还给西班牙职业体育带来无数机会。当然，那次奥运会，同样也是奥运志愿者组织向世界的一次展示。

——对魔都（上海）的想象

问：你了解中国吗？上海呢？其他东方国家呢？

答：不了解，但是我很想去上海旅游，东方文化一直令我很着迷。

问：你怎么看待把你和上海的女性运动员联系在一起？

答：我想，我们的共同点在于职业吧。我们都是运动员，我们所从事的职业，其实很辛苦，为了实现你的体育梦想需要牺牲很多东西。总的来说，为了我的俱乐部和我的目标，我要遵守体育规则及履行责任，必须非常自律，不能随心所欲。

带　球

——你心目中的女性力量

问：在21世纪身为女性意味着什么？

答：继续为了女性的权益而斗争。虽然我们身处21世纪，但关于女性权益的进展仍然在很多事情上处于停滞状态。有时候我感觉，我在为女性的权益而斗争，但是有时又觉得我所做的一切是微不足道的。我们女性仍需要努力争取和男性一样的权益。

比如在足球中，可以清楚地看到这种男女不平等的问题。我在巴塞罗那踢了多年球，如果要获得肯定，我们这些女性运动员需要比男性运动员加倍努力才行。惟其如此，人们才会把我们看成一支真正的队伍。

在西班牙，足球是体育之王，但是这个"王"指的是男子足球，相比之下，女子足球队仍然很难得到媒体的关注。如果我们不能赢得比赛，就很难得到重视，这给了我们很大的压力。我们巴萨女队是职业球队，我们赢得了很多比赛，表现很突出，我们付出了很多，而且肯定比男队员多，然而情况还是我们不如男队员获得关注多，不如男子足球获得认可多。

当然，我们也得到了很多帮助，比如我们有一个能发掘我们潜力的教练，还有一个女子足球领导委员会在支持我们女子体育。

问：那生活方面呢？

答：作为女性，要为你坚信的事业而奋斗，没什么能阻止你。

问：你觉得你认识的女性对体育感兴趣吗？不是作为观众，而是参与者或运动员，你在大学的时候感受到了这些女孩子对体育的热情吗？

答：是的，但我觉得这倒不针对女性或者男性，因为对大部分人来说运动还是挺难的一件事。我们在学校推广足球，有时班里的女同学看到我们身为女性在从事体育运动，而且是足球这项被视为男性的运动，都会觉得很好奇，但是当她们看到我的热情，看到我取得的成绩之后，她们也会感到很兴奋。她们的态度会反馈给我很大的鼓励。

事实上，我们女子职业球队队员在女子队踢球，偶尔我们也会和男队踢，这其中不存在性别区分问题。有一位使我深受鼓舞的、和梅西一样得过金球奖的女运动员就是巴西女队的10号队员玛塔。

问：足球一直以来都是由男性运动员掌控的，你对这个怎么看？

答：这是事实，所有人都这么认为。男性运动员有更多资源，享受更多关注，拥有更好的教练和更多的赞助人，让他们继续踢球。但我认为现在女子足球已经开始蓬勃发展了，开始被更多人了解，尽管离男子足球还差很远。女队需要更多的资源来准备比赛和晋级，需要获得更多媒

体的关注来让更多人了解，需要更多赞助人和赞助商来
支持女足的发展。

问：和男足队员相比，女足队员有些什么不一样？你的队友
们有些什么特点？

答：更讲技术，更少的侵略性，比赛战略性更强。训练比赛
时，在更衣室的气氛更好。

这很笼统，我认为有些女运动员和男运动员一样都有很
强的技术，不管男女，运动员都希望能尽可能地多控球，
因此技巧很重要，我们都要多学习技术，多去场上练习。
也许女足比赛中侵略性没这么强，但女队员一旦上场也
希望多控球。

好姐妹

问：在不踢球的时候你们会做些什么呢？会和队友们聚会聊天吗？和对手们呢？相处融洽吗？

答：看情况，对我们来说踢球就是工作，所以我们不踢球的时候一般会和队友们一起去喝点什么，但如果我们在家，像大部分人一样会和家人出去。说实话，我们都没有太多时间。在球队里面我们气氛很好，不管在比赛前后的更衣室里还是比赛过程中。至于对手们，我们很尊重他们，虽然我们在场上是敌对的，但我们所有人都会尊重对方，这一点很好。

——两座大城市，缘何心相印

问：如果我说到巴塞罗那—上海，你会想到什么？

答：大城市总是不可避免地和喧嚣联系在一起。两个不同的地方，有不同的文化，但它们之间可以联系在一起。我认为居住在这两个城市里面的人们会感到好奇，想认识居住在和你的城市很相似的城市的人们，去了解彼此在历史、习惯和建筑方面的异域文化，是一件很有趣的事。

问：你会怎样在两个城市之间建造一座桥呢？

答：我想我会用一个建筑作品的象征性形象来联结吧。这体现了两座城市为了文化交流而互相了解和互相沟通的愿望。通过互相学习，也可以把截然不同的人们联系在一起。只要互相创造条件来使人们了解不同的文化，一定

训　练

会找到相同点。

问：你生活中的桥梁是什么？

答：生活中需要有梦想，体育对我来说就是那座使我如愿以偿能在梦想中的巴萨踢球的桥梁。所以体育就是那座桥梁。

——身体力行告诉年轻人：你们拥有无限可能

问：体育运动被认为对于人格和性格的塑造都至关重要。那体育在哪里、又是怎样帮助人格的塑造的呢？是在集体项目中学习形成的吗？

答：确实会学着去交往，会学着和不同文化、来自不同城市、有着不同传统的人相处。对于不同的文化和现实，双方都会互相学习。足球教会你团队合作的能力、战术，保持良好的状态，能站在其他球员的角度思考，具有竞争力，这不仅在球队中是非常有用的，而且在球队以外的学习或者工作中，比如你的生活和人际关系，也是有益的。

问：谁对你的影响最大？会是一位女性吗？

答：我的父母对我都有很大的影响。我的父亲个性更强，更善于作决定；我母亲性格更温柔，我觉得她的性格对我的影响更大，更深。

此外，佩普·瓜迪奥拉确实是对我影响很大的一位运动员。同样我认为约翰·克鲁伊夫踢球的方式也启发了很多足球运动员，对女子足球一样，踢踢传传，这种不停传球的踢球方式很受包括我在内的很多女子职业球员的喜爱。他的足球理念对巴萨来说是一件很好的事情，他的踢球方式影响了一代又一代的球员。

问：哪场比赛对你来说最难忘？你同意"既要学会成功也要学会失败"这种说法吗？

答：是的，我同意，学会享受成功和学会承受失败一样重要。我踢过的最难忘的一场球赛是2011年的女王杯，那也是我职业生涯中得到的第一个头衔。那场比赛充满了激情、欢乐，所有的付出和奉献都得到了回报。同样还有2017欧洲女子冠军联赛进入半决赛，也让我很难忘。

问：你如果输球了会怎么样？你是怎样使自己振作起来的？

答：我们运动员输了都会非常难过。某场比赛输的原因是否是某个球员踢得不好这并不重要，因为我们是一个团队，这种事可能今天发生在她身上，明天就发生在你身上了。我们应该作为一个团队来看待这个问题。为了鼓舞士气，我们会尝试暂停纠结于失败本身，要一起分析比赛：我们为什么没踢好，要从中吸取什么教训。输球之后一般我会一个人静一静，让自己放空，每个人都需要独处的时间，尽快让这段时间过去，因为之后我们还有很多场比赛，还要继续前进。

问：和团队相处的时候你最看重的是什么？

答：好的气氛。我们团结一致，如果某个队员遇到了什么困难，我们大家会一起帮助她，我们无论什么时候都是一个团队。

问：你怎样形容你和球队的关系？

答：非常好，我们是朋友，我们喜欢一起踢球。我大部分朋友都和足球有不解之缘，她们中有一些和我一起组成了我们的球队。

问：作为足球运动员，你认为在这项运动中获得成功最需要的是什么？

答：当我踢完一场比赛的时候，我喜欢别人问我是否享受了这场比赛，是否学到了什么。对我来说，这是对于获得成功的很好的定义——去比赛，去赢球，去学到东西。

问：谁是第一个得到你的喜讯的人？你最信任的人是谁？

答：我的家人，我们在 WhatsApp 有一个聊天群，在他们看完我比赛之后我会给他们发消息。我相信他们会给我最好的技术上的建议，同时也是我最忠实的球迷，始终给我鼓励。

问：在职业生涯过程中，你从家人那里得到了哪些帮助？

答：他们永远陪在我身边，给我鼓励。我如果有什么困惑也总是会去询问我的家人，他们是我坚强的后盾。

问：你的竞技精神是从何而来？和你所受的教育有关吗？

答：我认为我的竞技精神主要还是来源于我是一名职业运动员，去踢球就是为了赢。

问：在生活中谁对你的影响更大，爸爸还是妈妈？

答：都有，虽然我爸爸的影响对我可能更大一点，因为他教会我足球，我和他聊天时聊足球也更多。他的意见对我来说很重要。

问：从心理上和精神上来说，做一名优秀的足球运动员需要具备哪些品质？你认为这些品质在你人生规划中有作用吗？

答：足球是圆的，在足球的世界里，有许多变化。我认为面对变化，首先需要具备的品质就是自信。在生活中自尊和自信也非常重要，它们可以使你达成你的目标，完成你的人生规划。

问：你怎样定义成功？

答：成功是一种实现你的目标的方式。成功就是实现梦想。

从某种意义上说，我感觉我现在已经取得了成功，因为我正在做一直向往的事——以职业球员的身份在巴萨女队踢球，这对我来说是很重要的。

——谁说女子不如男？谁说足球不适合姑娘？

问：成为足球运动员的经历对你性格和处事方面有些什么影响？举个例子呢？

答：你可以在足球中学到很多对你的个人生活和职业生涯都有用的东西。我认为其中之一就是学会和不同文化、不同传统、不同性格的人相处，足球教会了你这些，帮助你处理好你的其他关系。

问：作为足球运动员你经历过很多风雨，你是怎么度过那些"危机"并最终把它们变成你的财富的？

答：很幸运，当你遇到挫折的时候其实没有时间去想太多，因为第二天就要继续去训练，继续呈现出最好的自己。除了想方设法做好事情、超越自己以外，并没有其他的办法。要意识到你是在哪里跌倒的，改正错误，不要再犯。

问：你认识孙雯吗？她也是一个和你一样经验丰富的足球运动员，你觉得她可以成为你的一个参照吗？

答：很遗憾我还不认识她，但是我认为我们都作为足球这项团队运动的运动员，可以分享一下保持队员间良好关系的秘诀和对足球的深厚情意。

上善若水。水能载舟，亦能覆舟。能劈波斩浪的女人是可敬的。

1975年出生的乐靖宜，是1996年亚特兰大奥运会100米自由泳的金牌获得者。1984年出生的艾瑞卡·维亚辛哈·加西亚则摘取过2010年世界短池游泳锦标赛800米自由泳金牌。虽然远隔重洋，但同为游泳运动员的身份，将两人的命运连在一起，后者听着前者的名字长大，而前者成为后者奋进的榜样。

如今艾瑞卡以教练和心理学家的身份继续活跃在泳坛，而乐靖宜已经离开泳坛享受人生，成为一名母亲和一名海洋环保的支持者。

游泳教会她们的坚毅和对自然的热爱，已经融入她们的血液。体育，塑造了她们的人格。

乐靖宜：运动使人坚强，母性使我柔软

文 / 沈轶伦

　　乐靖宜，前中国女子游泳队著名运动员。1975年生于上海，被认为是天生的游泳人才：肩宽、臀小、腿长、水感轻飘。1982年进入上海体育俱乐部练习游泳，1988年入选上海市游泳队，1991年被选入国家队。在她的职业生涯中，1992年巴塞罗那奥运会获得4×100米自由泳接力比赛银牌；1996年亚特兰大奥运会上，以54秒50的成绩夺得100米自由泳比赛的金牌，并打破奥运会纪录，这也是该届奥运会中国代表队获得的唯一一块游泳金牌。

成为奥运会冠军，是一种怎样的人生巅峰体验？

曾在1996年亚特兰大奥运会上，一举为中国夺得100米自由泳金牌并打破奥运会纪录的乐靖宜闻言却笑了笑，好像看到电视节目里不相干的新闻："是一种什么样的体验？我不知道啊？"

一会儿，这位前中国女子游泳队运动员又笑着补充说："其实，游泳时候的事情，快乐的或者辛苦的往事，都过去很久啦！"她伸开双手，比出长长的一段距离表示遥远。"我现在很少想这些啦。我现在啊，最感兴趣的是这个。"手机打开，是一段她拍摄的鲸鲨视频，点击播放，只见蔚蓝色水域里，这庞然大物身姿飘然轻灵，缓缓从镜头前游过，令人望之俨然。这是她潜水时拍摄的视频。

尽管已经退役很久，也不去想泳池里的过往，但那些年的经历其实早已成为乐靖宜血液中的一部分。

蓝色的水流似温柔的手掌，在这样的水流里游泳，分明还是她最喜欢熟悉的事情，依旧让她心生好感。只是现在，她不再为成绩而游，不为奖牌而游，不为别人而游，她只为自己而游。

如第一次跃入水池那般，她重新在游泳中，找到了最初与水相亲的纯粹的乐趣。

与水相亲的乐靖宜

上海小花绽放世界泳坛

乐靖宜，正宗上海小囡。

这个在上海最典型的石库门弄堂里长大的典型的上海女孩，至今最喜欢的还是上海的老弄堂。后来即便吃过了全世界的美食，但胃里舌尖最惦记喜欢的，还是小时候弄堂口的"四大金刚"：大饼、油条、粢饭、豆浆。小时候，乐靖宜在培养出许多游泳运动员的长乐路第三小学读书，似乎很自然而然地学会了游泳。

因为身高优势，1982年，乐靖宜进入上海体育俱乐部开始训练，但最初几年除了游泳，还练过许多别的项目，有花样游泳、蹼泳。然而对于要求柔美见长的花样游泳项目来说，乐靖宜的腿脚太长，难以和队员合作。被推荐去参加蹼泳后，这项运动又格外要求力量，那时乐靖宜的力量恰恰非常薄弱。绕了一圈，又回到原点，终于，身高、腿长、肩宽、臀小、水感轻飘，这些在别的运动项目中不被看好的素质，在泳池里全部成了优点，一波三折，她终于找到了属于自己的运动项目。

1991年，她因为成绩出众被选入国家队。1993年，就在美国布法罗世界大学生运动会中连夺两金。同年底的首届短池世锦赛，她独揽五金，同时打破五项世界纪录。

1996年乐靖宜在亚特兰大奥运会上一举夺冠

1994年在罗马举行的第七届游泳世锦赛上，乐靖宜夺得四金，而且四项都打破了世界纪录。在这巴塞罗那奥运会后老一辈泳坛女将退出江湖之际，以乐靖宜为首的"泳坛小花"开始全面绽放。这一届赛事确立了乐靖宜在世界泳坛的地位，"从此小花变成了金花"。

1995年，第二届短池世锦赛，乐靖宜又是三金入账，同年，乐靖宜获欧文斯奖提名。在第26届亚特兰大奥运会上，她以54秒50的成绩打破奥运会纪录，夺得女子100米自由泳冠军，此外还获得女子4×100米自由泳接力和女子50米自由泳的银牌。

一时之间，风头无二。

不管走多远，不忘记回家的方向

然而身处如此巅峰状态，在亚特兰大比赛结束时，有记者问乐靖宜最想做的是什么，乐靖宜只简单说了一句话——

"我想回家"。

从机场出来的路上，乐靖宜就取出一枚金光闪闪的奥运金牌给妈妈看，还说："我买了好多好东西，回家让你一样一样看。"出了虹桥机场，母女俩直奔瑞金医院，原来乐靖宜的父亲乐祥安三周前因突发结肠疾病住院治疗。那一次，父亲乐祥安站在病房门前，笑吟吟地迎候凯旋的爱女。才坐定，乐靖宜就从包里取出一枚金牌和一枚银牌交给父亲。

于她，这才是她最想要的场景。不是海外名城中万人簇拥，而是回到家乡，父母都在身边。乐靖宜一直说："可惜中国没有申办成功2000年奥运会，不然她一定会参加在祖国举办的奥运会。"就在中国申办2000年奥运会失败后，乐靖宜退役，进入上海交通大学学习，获得学士学位。急流勇退中，乐靖宜保持了上海女孩的低调和实在。退役后结婚生子，很少在媒体公开露面，做一个好妻子和好母亲，成为她人生这一阶段最重要的"金牌目标"。

2008年，已经成为妈妈的乐靖宜在接受媒体采访时坦陈，自己除了运动，最大的任务就是每天围着孩子转。当然，作为乐靖宜的儿子自然要学会游泳。"我会让他学会游泳，但并不是说让他从事这个项目。我觉得因为游泳本来就是对身体最好的运动，对全身肌肉、对心肺功能都很好。每年有很多被淹死的人，如果学会了游泳的话，就能自救了，游泳也是一项技能，所以如果有一点时间去学游泳是非常好的。"

乐靖宜在拉萨

不过，身为亚特兰大奥运会100米自由泳冠军的乐靖宜，却连呼"教不了自己的孩子"。她的小宝贝在市游泳俱乐部学游泳已经两年了，一年四季从不间断。"我觉得不可能自己去教他，因为你是妈妈嘛，他会有一种依赖。我第一次带他去游泳时，他整个人就像一个小猴子一样，攀在我身上，把我当成一棵树，然后就这么抱着，死活都不放。作为他的妈妈，当时真不忍心把他的手掰开，所以，我后来干脆就不自己教他游泳了。"

2015年9月，乐靖宜现身滴水湖，参加环滴水湖8公里健康行公益体育活动。沉寂多年以后，她纤细健美的身材尤其引人注目。媒体报道说，虽然退役多年，但乐靖宜的身材依然保持得非常好，高挑、纤细，几乎没有赘肉。说到保持身材的秘诀，乐靖宜透露：她选择的运动方式就是饭后行走，一个礼拜坚持个三四次。不过，整天带娃，更是瘦身良方。

2019年乐靖宜出席第二十三届亚洲潜水联合会代表大会

她不再将自己定义为泳坛名将，而是更乐意说自己是"全职奶妈"。围着孩子团团转的她乐此不疲，闲来拍摄海洋动物视频。那水中游弋的身姿，宛如其心灵的某种寄托，无拘无束，自由自在，无畏无惧。

关于
双城

问：请谈谈第一次出国比赛的感受。

答：具体是1990年还是1991年第一次出国比赛已经不记得了，去的地方是德国和苏联，参加世界杯游泳大奖赛

（不是什么大比赛），获得了几块金牌也已经忘记，但比赛过程还是有点印象。当时可能第一次走出国门，到了德国觉得什么都很不一样，吃的最不习惯，每天"臭烘烘"的芝士特别让人不能接受。前两天还行，天天面包就受不了！最好笑的是有队友带的几包榨菜成为了救命稻草，为了吃口榨菜都快打起来了！第一次跟老外比赛，就觉得他们的身体条件跟我们中国人区别还是很大的，他们的技术不怎么样，可体力和力量相当好。

问：在运动生涯中，去过的国家中最难忘的是哪一个？其哪一点吸引了你？

答：说实话这个问题挺难回答。去过的地方非常多，都各有特色，各有各的文化，都很喜欢！既然这次是跟巴塞罗那有关，就说说西班牙的巴塞罗那，它对我来说也非常特别！

第一次去那年我17岁，是去参加我人生第一个奥运会。那时候还小，能被选上已经非常开心，没想过要拿名次，是抱着学习的态度去的。第一次参加这样的大赛，对我是一次很有意义的历练！结果自己的单项拿了第六，接力（4×100米）得了亚军。当时我这样的一个小队员第一次参加那么大的比赛还游出了很好的成绩，当场就傻了，开心得不知道自己叫什么了。游泳比赛结束后在那里还住了一个星期（要跟大部队一起回北京），每天最吸引我的事就是挂着我的胸卡（身份牌，每个参赛选手都有，可以免费坐当地的公共交通）出奥运村，去看那些漂亮的建筑。民宅、教堂，是个建筑就很美。那时候不知道都是谁设计的，就是觉得好美。特别是有个教堂那时候还在盖，有人介绍说教堂盖了好多好多好多年，当时就觉得真是不可思议！很多年后，才知道原来我喜欢的那些建筑是一个叫高迪的大师设计的！那个城市给我留下的印象就是美，美极了，美呆了！

问：上海对你而言意味着什么？

答：我一直觉得上海是个很特别的城市。它有属于自己独特的海派文化，是个海纳百川的城市，是个能接纳不同国家、不同人文的地方。上海有万国建筑，也有现代建筑，而且还能完美地融合在一起！因为我特别喜欢老建筑，所以还特别去了解了上海一些老建筑的历史。我觉得上海、巴塞罗那这两个城市各有各的不同，但有个相同点，就是都很美！

问：能否用一项运动比喻上海？

答：开放水域10公里自由泳。和上海一样，博大，无拘无束。

问：为什么大家都说上海是最适宜女人居住的城市，你的感觉呢？

答：和北京比较的话，上海更小资？从某种感觉上来说是有点女人"柔"的那一面，但上海在我心里是我的母亲，是我眷恋的故乡。它还有海港外那波澜壮阔、无边无际的大海。充满自信、朝气蓬勃的各地青年才俊，汇集于此，创造自己的未来，也为这个城市增添勃勃生机。

问：会推荐外国、外地女性到上海来发展吗？为什么？

答：上海是一个机遇和风险并存的城市，像一列高速行驶的和谐号动车，你想乘上这列高速列车，就要有足够的承受力，足够的自信心，足够的才智。如果你觉得想挑战自己，我当然会推荐这座城市，但是如果你是为了小资生活或者种种虚华的东西，我会笑笑说，要做好摔倒的准备。

问：觉得上海女性参与体育运动的积极性如何？

答：上海马拉松报名一票难求的场面，我还历历在目。这个城市的年轻人爱健身、截拳道，年纪大的爱乒乓球、羽毛球、木兰拳、太极。场馆繁忙时间也很难预订。更多的女孩为了美丽、社交，也很愿意花时间去健身房出身汗，洗完澡神清气爽地走出来。

问：你觉得女性参与体育赛事遇到的难点、障碍、歧视在哪里？

答：以前我更多是在国际国内赛场，以征服者的姿态出现。1992年巴塞罗那奥运会，那年我17岁，拿了4×100米接力银牌，但是四年后亚特兰大，我拿了100米自由泳金牌。所以歧视、障碍之类，我没什么体会。我用成绩一次次证明，那个时代我是最强者。

问:运动对你的性格塑造体现在哪里?

答:我从少体校开始一直到成年,都是在职业运动队里。游泳队的集体生活对我人生观的塑造,还有我大大咧咧的性格,起到了关键作用!运动能使人更坚强,不怕输!

问:对巴塞罗那有何印象?

答:巴塞罗那奥运会让我有了要做世界第一的决心,因为当时我的个人100米自由泳成绩只能排名世界前十左右,在4×100米的接力中我排在第四棒(最后一棒),而美国队排在第四棒的是当年的世界纪录保持者(美国队夺得那届奥运会的第一),那时候我确实跟她差两个档次。比赛时我跟她是同时入水的(前三棒两个队一样快),前50米我还跟她一样快,但实力确实无法比,最后虽然我也游出了一个惊人的成绩,但还是输了。当时我真的游得快吐血,我不想输给她,我想为中国队再夺一块金牌!那是我游得最辛苦的一次!从1992年巴塞罗那奥运会后我没有再输过,很多年我稳坐世界第一的宝座,一直到退役,美国人保持的50米和100米自由泳的世界纪录也被我一一打破!

巴塞罗那是我出道的地方,是我运动生涯真正开始的地方!

艾瑞卡·维亚辛哈·加西亚：
劈波斩浪的泳坛女杰

　　艾瑞卡·维亚辛哈·加西亚，1984年6月2日出生于巴塞罗那，是西班牙游泳运动员。她擅长800米自由泳，200米、400米及1500米自由泳也表现出色。她获得的最佳成绩是2010年世界短池游泳锦标赛800米自由泳金牌，以及2004年欧洲游泳锦标赛800米自由泳和4×200米接力冠军。

　　艾瑞卡是被启蒙教练索尼娅·费尔南德斯·加诺和哈维·马蒂·贝尔纳乌斯在奥尔塔体育俱乐部发掘的，在那里，她成长为一名游泳运动员。然后，她进入了圣库加特-德尔巴列斯（巴塞罗那下属市镇）的训练中心，从16岁开始师从教练若昂·福图尼。

　　2002年她入读巴塞罗那自治大学心理学系。2003年她得到了颁给高级运动员的ADO奖学金。

　　2003年12月12日，在都柏林举办的欧洲游泳锦标赛800米自由泳比赛中，她一举夺金，其时她的400米和800米自由泳成绩都进入了世界前16强。她首次在奥运会亮相是参加2004年的雅典奥运会。

2008年11月底,艾瑞卡因为经费原因离开了罗斯比泰列特游泳俱乐部,和圣安德鲁签约了两个赛季,她哥哥艾力克斯也在该俱乐部效力。

自从参加2013年的巴塞罗那世界杯以来,艾瑞卡·维亚辛哈参加了室内游泳池和室外开放水域的各种比赛,成为了一名世界级的运动员。她也参加了世界杯和欧洲的赛事。在她的体育生涯中,多次刷新800米和1500米自由泳项目西班牙国内纪录。

艾瑞卡·维亚辛哈以1分59秒048的成绩,排名17,在开放水域完成了里约奥运会的比赛。这位西班牙游泳运动员在第二轮比赛中被黄旗警告,因此未能刷新四年前她在伦敦奥运会上获得的第七名的成绩。

艾瑞卡讲述自己的故事

——冠军小姐姐的"每日金句"

问:每天早上你从灵魂深处涌现出的词是什么?

答:幸福和忠诚。对我来说,能从我每天做的事情中汲取幸福感是很重要的。我把"忠诚"也看得很重,所以我希望人们都能像我一样言而有信。

问：你认为这些词和你女性的身份有关系吗？

答：我认为是有关系的，因为对于我来说，不论在搭档之间、家庭成员之间，还是朋友之间，"忠诚"都是非常重要的。至于"幸福"，我认为一个人会在幸福中获得成长。相反，如果人们过的生活是不幸的，那他不会成功，也不会有所建树。

——家乡，是一个人出发和回归的地方

问：对你而言巴塞罗那意味着什么？

答：巴塞罗那是我生活和最熟悉的城市，这是一座你可以学到很多的城市。巴塞罗那融合了很多不同的文化，可以说是包罗万象，这里有高山峻岭，有碧波万顷，也有娱乐和文化，等等。我爱巴塞罗那，因为你能从这座城市学到几乎一个人需要的所有的东西。

问：在你职业生涯中哪座城市是最难忘的？

答：对我来说最难忘的城市是澳大利亚的墨尔本。2007年我在那里参加一个世界锦标赛。我喜欢那座城市是因为我觉得它兼具现代气息和传统底蕴。还因为那里的自然风光无敌，只要一个小时的车程，就可以从现代化城市来到一个能看到袋鼠和美丽景色的地方。

问：是什么使那座城市对你来说有吸引力的？

答：我觉得比赛顺利也有很大因素吧。那次锦标赛对我来说非常成功，那次比赛的经历也让我受益匪浅。

问：你在巴塞罗那能找到之前提到的那种吸引力吗？

答：是的，在文化和自然方面不遑多让。巴塞罗那的人民非常好客，墨尔本的人们也很热情，这对游客来说很有吸引力。

问：你最喜欢巴塞罗那的什么方面？

答：我最喜欢巴塞罗那的人和巴塞罗那的文化。这是一座非常开放包容的城市，在这里你可以和许多人交流，学习知识。同样，我认为巴塞罗那是一座女性的城市，这里有许多吸引女性的特质，有更多的职业选择、更丰富的文化、更多的娱乐活动……

问：如果让你把巴塞罗那比作一项运动，你会选择什么？

答：足球，因为这里有巴萨球队，非常有名。

问：你会建议外国的女性来巴塞罗那工作和继续学业吗？为什么？

答：当然，因为这里有很多工作机会，文化也非常丰富。

问：1992年的巴塞罗那奥运会对你而言有特别之处吗？

答：1992年我已经从事游泳了，而且已经参加了一些比赛。我记得那届奥运会开幕式的时候我正在游泳，当时我就想，我想成为一名奥运会游泳运动员！我想有那个巅峰时刻，我想以此为目标规划我的体育生涯。我相信1992年奥运会的精神在我的心中刻下了深刻的印记。那一年夏天，我收看了很多比赛，因为奥运会，巴塞罗那这座

艾瑞卡在泳池中奋力向前

城市也发生了很多变化。我父母的朋友是奥运会的志愿者，而且我还记得吉祥物科比，还有那些和奥运会有关的漫画……对我来说这是一段很美好的回忆，让我决心成为一名奥林匹克运动员。

——遥远的东方有一条龙

问：你了解中国吗？上海呢？或者其他东方的国家呢？

答：是的，我去过上海两次，参加世界锦标赛；我也参加过北京奥运会。上海让我很震惊，因为在高楼大厦旁边竟然有很老旧的房子，这种对比令人非常震撼。

问：你怎么看把你和上海的女运动员联系在一起？

答：我们两国的文化非常不同。不过，上海的女性和巴塞罗那的女性一样都非常努力，两国运动员训练非常刻苦，都有必胜的决心，她们很有力量，奋斗不息。

——关于女性

问：在你的职业里面，女性身份意味着什么？

答：与水打交道，我的女性角色对我的职业是有利的。另外我想说明的是，女性游泳运动员在遇到生理期（典型的女性特征）的时候，不会受限。我们同样还是可以比赛，甚至同样可以在生理期获胜，取得好成绩。另外，现在科技很先进，有药物可以帮助控制月经的周期，所以可以保证在大型比赛的时候不会遇到这种情况（毕竟生理期对于女性来说都是敏感甚至痛苦的一个时期）。

我认为在缓解生理期带来的不便问题上，突破这个话题的禁忌是非常重要的。当然，许多我认识的女运动员都已经克服了这一关。

问：生活方面呢？

答：除了传统意义上成为贤妻良母，我认为身为女性还意味着拥有更广阔的视野。正因为如此，我们女性更加复杂。我认为女性因为身为女性，所以对于生活有不同的看法。

问：你感觉你认识的女性对体育感兴趣吗？你感觉到了你周
围的女孩子对除游泳之外的体育的热情吗？

答：我觉得有两种女性，一种是喜欢体育所以对体育感兴趣，
因为她们想保持良好的体态，所以进行有规律的运动，
运动可以使她们保持良好的身材和健康。另外一种呢，
她们喜欢体育，但是没有时间，所以只在有某些需要的
时候才会运动。不管怎么说，我认为有越来越多的人会
意识到，运动可以帮助他们拥有更健康的生活。

问：你认为男性和女性游泳有什么区别？

答：确实没有太大的区别，因为我们都同样去参加比赛，但

艾瑞卡的泳池生涯，自由而畅快！

是也不可否认，游泳需要力量。虽然女性在这个领域做得出色，但男性游泳更占优势。在生理上，女性耐力更好，女性游泳运动员更早熟、有悟性。女性能比男性忍耐得更多，耐压性更好，持续时间更长。

问：和男性相比，女性游泳运动员是怎样的？这些区别能证明社会对于她们的不利评价或者收入的差距吗？

答：我认为从破世界纪录的结果来说，女性游泳运动员比男性更优秀，近十年来加泰罗尼亚地区乃至西班牙的游泳纪录都是女性运动员打破的。我认为，最终付出和收获都是平衡的，但是在有些场合，比如新闻标题或者提到新纪录的时候会更多地关注男性运动员，我认为这是因为这个世界总的来说还是有点"大男子主义"的……

——姐妹城市，虽隔万里，却有相似基因

问：如果我说到巴塞罗那—上海，你脑海中会浮现出什么？

答：现代化和适应社会变化的能力。

问：怎样在这两座城市之间搭建一座桥梁？

答：我认为让巴塞罗那多了解中国文化，会是两座城市保持沟通的桥梁。因为中国人了解我们的文化，要多于我们了解他们的文化。

问：你生活的桥梁是什么？

答：是我生命中陪伴我的人，他们帮助我，让我勇于抓住机会，得偿夙愿。

——活出真我魅力，向年轻女性展示：梦想无极限

问：在人格和性格的形成过程中，体育被视为很重要的因素。体育是如何帮助人格形成的呢？

答：体育帮助我成长。青少年时期，我时常外出参加比赛，适应不同的文化本身就是很好的教育。这都是我通过体育得到的。体育帮助我成长，让我知道我想改变什么、什么是对我有益的、什么是对我发展无用的，等等。体育同样帮助我学会更好地掌控时间。

我从体育竞技的失败中也接受了很重要的教育——这锻造了我的人格。

问：谁对你的影响最大？

答：我的父母，特别是我父亲，他总是鼓励我，并对我说"一旦你不再享受游泳，就是放弃之时"。

问：你印象最深的一场比赛是哪一场？

答：对我来说最重要的比赛是2010年都柏林的世界游泳锦标赛，我之前并没觉得会赢，结果却赢得了冠军。赢得那个荣誉确实是我想要的。

问：在你和团队共同生活和参赛的经历中你最珍惜的是什么？

答：对我来说，团队最重要的是，当你需要的时候，团队会给你快乐，在你做得不好的时候，团队会鼓励你，让你不被失败打倒。团队的每个人都扮演好了他们自己的角色。能和团队分享比赛的心得是非常重要的。

问：你怎样形容和团队的关系？

答：非常好，我们一起参加了很多比赛，他们每个人都对我帮助很大。

问：作为游泳运动员，要想取得好成绩最需要的是什么？

答：最重要的是要对你自己、对教练和你受训的方法有信心。

问：谁是第一个知道你取得的成绩的人？

答：我的教练，因为这是我们共同努力的结果，而且我们在一起合作了很长时间。另外，当然是我父母、兄弟和我丈夫纳秋。

问：在职业生涯中你从你家人那里获得了哪些支持？

答：我得到了很大的支持。我妈妈很担心我的身体，希望我不要太辛苦。我爸爸很开朗乐观，总是给我打气。我丈夫纳秋是我强大的支撑，因为他很喜欢体育，无论何时都支持我。我很高兴，他的支持让我感觉很棒。他也总是和我在一起。

问：你的竞技精神从何而来？你认为和你所受的教育有关系吗？

答：是的，我从小就参加锦标赛，同样也和我不服输的个性有关。

问：在你生活中谁对你的影响最大？

答：我的父母，我的家人、朋友和体育。

问：做一个优秀的游泳运动员
　　需要具备哪些心理特质？
　　你认为这些特质对你生活
　　的规划有用吗？

答：专注和目标明确，还有持
　　之以恒的坚持和努力。

艾瑞卡在泳池中回眸

问：你怎样理解成功？

答：成功是我们每个人都需要
　　的，取得成功可以使我们充满自信。成功，是每天都试
　　图超越你自己。在这个过程中，你会感到做自己喜欢的
　　事会使你充满活力，使你变得充实。对我而言，不忘初
　　心地参加比赛就很好地诠释了成功。当运动员时我就确
　　信若我不再比赛，我也会继续从事和游泳相关的事业，
　　也许是教师或者教练，但是一定会和体育有关。

问：做游泳运动员的经历对你的人格和处事方法有什么影
　　响？举个例子呢？

答：在于我面对生活中困难的态度。游泳和体育给予了我更
　　好的自控能力，提高了我的实力和竞争力，让我懂得了
　　坚持、客观，让我明白了我的底线在哪里，等等。

问：作为游泳运动员肯定习惯了面对各种坎坷，你是怎样度
　　过这些艰难的时刻最后获得成功的？

答：我会试着自己静一静，不要想太多。面对不顺时，我会

和家人、丈夫在一起。这时的关键，在于要明白你在哪里犯了错，以免再犯。在游泳这项运动中你要学会客观地认识你的身体和在水中的耐力，要学会怎样提高你的成绩。

问：你认识乐靖宜吗？她是一位和你一样身经百战的游泳运动员，你认为她可以作为你的参考吗？

答：是的，因为她有很好的技术和耐力，她是一位伟大的职业游泳运动员。她可以给我很多启发。

曹燕华，中国乒坛的一个传奇。她16岁进入中国国家队，7次在世锦赛上获得世界冠军，职业生涯中共荣获56枚金牌。她的直板弧圈球结合快攻的打法，开创了女子技术男性化的先河。而如今，曹燕华在上海创办的培养青少年选手的曹燕华乒乓学校及乒乓俱乐部，又为中国国家队输送了许多新的主力队员。

　　而在地球另一端，阿拉瑟丽·瑟加拉珞珈的名字也同样注定成为传奇，她是第一位登顶珠穆朗玛峰的西班牙女性。拥有模特般美丽容貌的她，以巾帼不让须眉的毅力，用身体攀登卓越，用坚韧书写高度。

　　乒乓是最小的球，珠峰是最高的峰。但两位女性运动员却在这两个领域取得了傲人的成绩。不同的语言，表达同样的意思，两位女运动员坦露人生的奥秘：把握好过程，不去想成功，成功也会找上你。

曹燕华：一生都离不开乒乓球

文 / 王慧兰

　　曹燕华，中国乒坛的一个传奇。她从小开始打乒乓球，16岁获得亚锦赛女单冠军并战胜世界单打冠军朴英顺，进入了中国国家队。她7次在世锦赛上获得世界冠军，职业生涯共摘取56枚金牌。她擅长直板弧圈球结合快攻的打法，一面反胶一面防弧，尤其反手高抛发球是一绝。她开创了女子技术男性化的先河。曹燕华23岁告别乒坛，相夫教子，在国外度过一段美好时光。回国之后，曹燕华在上海创办了培养青少年选手的曹燕华乒乓学校及乒乓俱乐部，创造了人生事业的又一个高峰。现在的中国国家队主力队员许昕就是她的得意弟子。

20世纪60年代，乒乓球热遍全国，且被赋予了特殊使命，打乒乓是人民生活中最为常见的运动项目。那个年代出生的孩子，对乒乓球都有着特殊的感情和记忆。曹燕华也没有想到，此生就这样和小小的乒乓球结缘。

在石库门弄堂里打球的孩子

曹燕华出生在上海虹口区一个普通的工人家庭，有两个姐姐，因为父亲喜欢体育，所以家里的孩子从小就和体育结缘。姐姐们一个在区少体校，一个在校队，都打乒乓球。3岁的时候，曹燕华就跟在姐姐们的屁股后面，在弄堂里捡球。"那时打球很简单，也不需要什么特殊的场地，小孩子们趴在地上就能打。"

上了小学，曹燕华很快就显露出了天赋。在体育老师的指点下，她进步神速。父亲看了很高兴，他支持女儿打球，特意花五块钱给曹燕华买了块红双喜球拍，这在那时是很奢侈的了，让她在同学面前"扎足了台型"。回忆儿时打球的经历，曹燕华还是很感慨的，她说："那时家长们很支持孩子打球，大家打球也没什么功利心，全凭着满腔的热爱。"

1973年2月，曹燕华进了虹口区少体校，被刚从上海队退役任区体校教练的王莲芳看中。说起王莲芳，不得不多说两句，她的丈夫就是中国知名足球教练朱广沪。很多年后，当记者采访朱广沪的时候，朱教练总会适时地夸赞太太两句，

"你们知道王阿姨是谁吗？她的成就不比我低。红遍全中国的乒乓球冠军曹燕华就是她的得意弟子。"

曹燕华当时 10 岁，王莲芳发现她在训练中肯动脑子，善于钻研，学动作比别人快，判断力强，她觉得曹燕华是个好苗子，用心地栽培她。"王指导是个特别严格的人，我那时对她是又怕又恨。不过也正是她的严格，给我以后进国家队打下了扎实的基础。她是我特别要感谢的一个人，是我事业的引路人。"

曹燕华使用正胶，直拍快攻打法，由于拉球较差，王莲芳教练就让她改用反胶试试。她很有灵性，很快就学会了打弧圈球，而且动作、发力都很好。小姑娘打球很用功，接受能力强，进步很快，多次获奖的曹燕华被选进上海体工队。进体工队给曹燕华留下的最深的印象就是拿到了六块钱的津贴，她说："当时特自豪，好像一下子可以养家糊口的感觉。"

机会一直垂青于有准备的人。进队后不久，1977 年 8 月，曹燕华代表上海二队参加全国锦标赛，表现出色。正是这场比赛，改变了她的人生。因为有一个人当时正坐在观看席上看她打球，他就是徐寅生……

一个周末，曹燕华回家和父母团聚，兴致勃勃地把自己一周的情况向家人汇报，无意中就说起了和小伙伴们在回家路上开的玩笑。"他们说我要出国，我听了很好笑，我跟大家说，我哪能出国，我头上出角还差不多。"家里人听了都忍不住笑出声，倒是父亲淡定地说："小燕子，你不是头上出角，你是真的要出国了。"

原来，那天上午，领队到曹家来过了，他们说要安排曹燕华到北京去报到，看中她的正是徐寅生教练，徐教练钦点她参加一个月后的欧洲比赛。啊？真的有此事！曹燕华有种天上掉馅饼的感觉，她还是一名上海队的试训队员，就要代表国家队出战了。

16岁进国家队，扬名国际乒坛

访欧的比赛一路从法国打到瑞典再打到荷兰，曹燕华摸清了对手的套路，获得了冠军。

15岁获得公开赛冠军，曹燕华一炮而红。比赛归来，她就破例被直接调进了国家队一队。她回忆说，当时感觉就像是跳龙门，一下子从业余球员变成了国家队队员，这恐怕也是乒乓球队历史上绝无仅有的了。

在国家队训练，起初的时候，曹燕华因为每天能和难得一见的大明星们同台练球感到兴奋，可时间一长，她就有点不习惯了。"他们都说我是'游击队'打法，靠点小聪明才打赢对手。这样不是长久之计，所以要练体能。国家队是特别重视体能训练的，可是我身体不好，每天的长跑对我来说就是种折磨，现在想想都害怕。"还好此时的曹燕华遇到了另一位恩师周兰荪。

周兰荪教练针对曹燕华的特殊情况，给她制定了新的战术——女子技术男性化，加强了她前三板的能力。这样一来，曹燕华就有了自己的功夫，她直拍快攻结合弧圈球打法，前冲弧圈球，速度快，落点好，拉球旋转性强，善于变化，在比赛中威力十足。1980年，曹燕华获得七次公开赛冠军，迅速确立了自己国家队一姐的位置。当时她还未满20岁。

在曹燕华所有夺冠之战中，要数第37届世乒赛女单决赛最令人激动了。当时，韩国的梁英子以凶狠的正、反手攻球，连胜中国队好几名队员，进入决赛。最后能不能拿下这块女单的金牌，所有的希望都寄托在曹燕华一个人身上了。大赛在即，还有一点点的休息时间，很多队员都会紧张，没想到曹燕华躺在比赛大厅的地板上睡着了。周兰荪教练看到她这副状态就知道有戏，他太了解曹燕华了，她是属于那种大赛型的选手，用现在的话来说就是情商特别高的选手，临危不乱，沉得住气。果然，曹燕华上场后，就向梁英子发起了连珠炮般的进攻。梁英子以牙还牙，抢先进攻。这次曹燕华竟连放16个高球，逼得对方失误……所有看过这场比赛的人都赞叹不已，至今记忆犹新。这一次，曹燕华第一次登上了世界女子单打冠军的宝座。

之后，在第38届世乒赛上，曹燕华在女单决赛中击败队友耿丽娟，成为中国队蝉联世乒赛女单冠军的第一人。此外，她与蔡振华搭档收获混双冠军，让自己成为继林慧卿之后中国女队第二位世乒赛的"金满贯"得主。在20世纪80年代，曹燕华用一条条优美的弧线，描绘了直板反胶打法的绝代风华。

23岁急流勇退嫁做人妇

曹燕华的运动生涯可以说是战绩辉煌，她在国内外重大比赛中共获56个冠军，拿了乒乓球运动所有项目的世界冠军（曹燕华打球时乒乓球还没有列入奥运会比赛项目），为中国乒乓球事业作出了突出贡献。就在大家期盼她拿下下一个冠军的时候，曹燕华却做出了急流勇退的决定。"一方面是因为身体不好，另一方面我觉得自己的性格不太适合在国家队待着。当时的国家队比现在保守严格许多，女孩子不能化妆、不能烫发、不能恋爱，规矩很多。我是那种比较率真的人，所以想想也就算了，退役吧。"

1985年11月，上海静安体育馆举行了曹燕华的告别表演赛。原国家体委副主任徐寅生、袁伟民，训练局局长李富荣等领导以及曹燕华的恩师周兰荪、王莲芳，都在主席台上观看，表演赛为曹燕华的运动生涯添上了完美的一笔。23岁的曹燕华退得那么干脆，那么彻底，似毫无牵挂和留恋。

退役后的曹燕华和施之皓结婚了，不久，他们夫妇就一起去了德国生活。施之皓在当地的一个乒乓球俱乐部打球，曹燕华就当起了家庭主妇。

初到德国的日子比较艰难，他俩不会英语，不会德语，不会开车，也没有朋友，虽然每天衣食无忧，住在一套大房子里，但是心理上是特别孤单的，生活无聊，和国内完全不一样。有几次，他们甚至有了打道回府的念头，但最后还是坚持了下来。一切从零开始。曹燕华本来就是个不服输的人，她很快地学会了德语，甚至又学会了其他好几国语言，也学会了驾驶。"我开始学着自己做饭，开车到三公里外的超级市场采购满满一车子食物。反正闲着没事，就在家里琢磨着怎么烧菜做点心，整日挖空心思发掘新菜式。馄饨皮没有，买个轧面机自己做好冻上。肉包子，菜包子，生煎馒头，锅贴，那味道，比店里要好吃得多。每回都做得精疲力尽的。"曹燕华把家弄得妥妥帖帖的。1993年，他们的儿子施泽西出生，一家三口的小日子更加温馨自在。

在国外的那些年里，曹燕华一直保持着每周都给家里写信的习惯。时间到了1995年，她父亲在信中说，现在国内尤其是上海发展已很不错，你可以回来干一番新的事业了。她读着信眼泪直流，她知道父亲是想她了。"我对父亲一直怀着一种敬佩之情，他总是有先见之明，他始终给我树立那些看起来难以超越的目标。没进上海队，就要我朝国家队的目标打。进了国家队，小毛孩一个，他居然要我拿世界冠军了。退役后，他跟我说还是先出国几年，看看外面的世界吧。从走过的路来看，他一直都是对的。"就这样，在父亲的建议之下，曹燕华和丈夫商量后，决定举家回到上海。

施之皓仍然当乒乓球教练，曹燕华则走了一条经商的路。她先是创办了一家公司做外贸生意，但并不顺利，她也感到了迷茫与困惑。"因为从小打乒乓球，之后又定居德国，过的是安逸的生活，从来不知道做生意是怎么回事。"

34岁下海经商办学校

百转千回，1996年底曹燕华公司办了一场活动，由上海新闻媒体票选为1996年度的乒乓球十佳活动之一。那次活动办得很成功，近百名新老乒乓球冠军都聚到了一起，大家都在感慨，要是能有更多这样的活动就好了。那一刻，曹燕华突然明白，自己离不开乒乓球，这一生都要和乒乓球在一起。"真是像那句话说的，生是乒乓球的人，死是乒乓球的鬼。"

上海，这个中国乒乓球的摇篮，应该有无数可造之材。曹燕华说，她胆子比较大，就和自己打乒乓球一样，总想做一些与众不同的事情。立足于自己的优势，她首先选择开办乒乓球学校。"又能读书，又能寄宿，体教合一是我的想法。"终于，在多方努力之下，曹燕华的乒乓球学校落户宝山杨行。曹燕华感叹自己运气好，总有贵人相助，艰苦奋斗了两年，她的乒乓球学校的名气打响了。

"刚刚创办学校的时候只有八个学生，现在我们已经有两千多名学生了。"曹燕华笑称自己智商不高，情商很高。"我就是脑子单纯，也从来不觉得自己有多厉害，让我很自豪的一点是当我想要开办这个学校的时候，竟然会有那么多人来帮助我。"曹燕华一走进课堂，只要听到学生们叫她一声曹校长，不管自己的身体有多疲惫，精神马上就来了。"我非常感谢这些学生的家长，感谢他们对我的信任，放心把孩子交给我。"

这些年，"曹乒"培养了不少年轻的选手，许昕就是曹燕华最得意的弟子。这个90后的孩子12岁时被父母送入刚成立不久的曹燕华乒乓培训学校。"这小孩儿胆儿大，神经类型特别好，打球爱动脑子。有一次训

曹燕华目前是乒乓球学校的校长，大家都称呼她"曹校"

练，许昕跑过来问我，曹校长，训练那么多有什么意思啊？打比赛呗。像他这个年纪的孩子都不太敢过来和我说话，但是他胆子大，从这一点能看出他是个比赛型选手，后来也证实了我这个判断。"

曹燕华认为，许昕作为直板选手，必须付出比横板选手更多的努力。她说："我给许昕定的目标是：集王皓和马琳的优势，超越两位直板前辈。当然，他现在离这个目标还有很大距离。但许昕有自己的优势，比如中台对拉，线路多变，反手主动上手。他已跻身超一流选手行列，以前靠灵巧加死缠烂打，现在已具备冲击最高境界的实力。"2015年的苏州世

曹燕华与弟子许昕在一起

乒赛上，许昕收获了混双冠军和男双冠军。2016年，许昕在里约奥运会上夺得乒乓球男团冠军，也圆了曹燕华的奥运金牌梦。

对于这些年轻球员的成绩，曹燕华一方面感觉到很骄傲，一方面觉得他们的技术已经到了炉火纯青的地步，自己只能从后勤工作方面帮助他们做到最好，让他们得到更好的发展。"我也经常和他们现在的教练沟通，看到他们从小练习打球，到现在取得的成绩，心里感到很满足。他们现在都把我当妈妈看待。"曹燕华说，现在自己唯一能做的，就是告诉这几个孩子一定要走正道，"不能因为一点点成绩而忘了你是谁，自信心爆棚是很可怕的，有时候它会毁了你"。曹燕华创办学校最最重要的理念就是体教合一，她一再地说，除了打乒乓球外，一定要读书成人，这样以后即便在乒乓球上没有出路，踏入社会还有其他的本领。

生活中绝对不是"虎妈"

曹燕华的事业一直都在上海，红红火火的，而施之皓自从德国回来后就到了北京担任国家队主教练。两人聚少离多，又都不甘心放弃自己的事业，最后只得结束了长达十几年的婚姻。多年前，曹燕华写过一本自传叫《属虎的女人》，书里面写道，她就是个虎性十足的女人。不管是当运动员的时期，还是创业办学校时期，她从来都是雷厉风行，敢作敢为。不过在教育儿子方面，她笑着摇头说："我绝对不是'虎妈'。"

曹燕华的儿子施泽西出生在德国，小时候接受的是西方教育。曹燕华回忆说，在德国上幼儿园，人家是有规定的，任何东西都不能教，就是玩玩玩。"老外带孩子都是丢丢掼掼，我那时也是这个想法，想想孩子总归会自己长大的，所以从来不干涉他。"施泽西回到上海念书后，曹燕华和儿子商量说："我们要入乡随俗，老师布置的作业你一定要完成。"可是上了初中后，儿子的回家作业越来越多，有一次做到晚上

时髦的曹燕华

12点还没写完。曹燕华实在看不下去了，就写了张纸条给老师，告诉她：为了保证孩子的睡眠时间，我就不让他写作业了。

父亲是施之皓，母亲是曹燕华，都是中国乒乓球界响当当的人物，可是施泽西没有继承他们的事业。对此，曹燕华也不觉得可惜。"儿子小的时候曾经跟着爸爸打过一阵子球，那时他

还挺有兴趣，每次练完了就回来像模像样地教我。后来有一次他在电视上看到我，才知道妈妈原来也是世界冠军。他很丧气，再也不愿意跟我打球了。我知道他心里是怕输。"曹燕华很了解儿子，他的个性并不像自己，儿子是保守稳妥型的，所以就算练了球，也未必出得了好成绩。"我让他自由发展，只要走在正道上，选择他所感兴趣的，选择他喜欢的生活方式，我都是OK的。"高中毕业后，施泽西考取了上海体育学院的管理专业，后来又去了日本留学。

朋友眼里的曹燕华

徐寅生（国际乒联终身名誉主席，曹燕华的恩师）

一些著名乒乓球运动员退役后"不务正业"，一头扎入商海，而曹燕华情系乒乓，踏踏实实做事；最难能可贵的是，曹燕华注重"文武双修"，一手抓运动员的学习成绩和文化素养，一手抓技术和运动成绩。她是个很负责任的校长。曹燕华懂得感恩，知恩图报，国家培养了她，她现在尽其所能回报社会，回报国家。

夏娃（《乒乓世界》杂志执行主编，曹燕华的闺蜜）

我和曹燕华相识已有二十多年。刚开始认识的时候，觉得她就是个"女神"，因为她当年的战绩实在太辉煌了，无人超越，大家都对她敬而远之。后来成了朋友，渐渐了解了她的性格。她是个大方周到的人，特别讲义气，像个"女侠"。对长辈、对朋友、对家人，她都能照顾得妥妥帖帖。生活中的曹燕华是很讲究品位的，穿衣打扮都很精致，完全不是运动员范儿的。有一句话比较适合曹燕华：事业有声有色，做人有情有义，生活有滋有味。

关于
双城

问：作为是一个上海人，能和我们说说对上海这座城市的感情吗？

答：上海是我的故乡，我热爱这个城市。这是一个时髦又大气的城市，从小生活在上海，给我带来很多不一样的经验和体会。我喜欢这里海派的氛围。在德国的时候，父亲的一封家书，让我毅然选择回国，不愿意继续在外面漂泊下去，因为我很想念家人，想念上海。回国以后，我就想着要为上海的乒乓球事业做一点事情，所以选择了开办曹燕华乒乓学校。

问：有没有去过巴塞罗那，对那里的印象如何？

答：我就去过一次巴塞罗那。1991年6月，蔡振华率领国家队参加第二届世界杯乒乓球赛。他特意打电话给我，希望我去巴塞罗那给男队加油，因为当时中国男队正处于低谷时期，这又是他执教中国队以来的第一场海外大赛。他说："你是幸运女神，只要有你在，中国队就能赢。"我欣然答应了他的请求，一个人去了巴塞罗那。果然，那次中国男队拿下了团体冠军。

阿拉瑟丽·瑟加拉珈：
勇攀珠峰，西班牙女性第一人

阿拉瑟丽·瑟加拉珈，生于1970年3月，是第一位登顶珠穆朗玛峰的西班牙女性。阿拉瑟丽的出生地列达，是一个距巴塞罗那160公里的城市。在大学本科期间，她学习的专业是理疗。1991年，她去巴塞罗那继续学业，1995年，获得了儿童理疗专业的研究生学历。

1995年夏天，她到了喜马拉雅山脉，以阿尔卑斯式①登上了珠穆朗玛峰北侧7800米处。1996年她为拍摄一部巨幕纪录片，回到珠穆朗玛峰。最终，她以阿尔卑斯式攀登这种最经典的方式登上珠穆朗玛峰，成为了第一位登顶珠峰的西班牙女性。

---

① 阿尔卑斯式攀登通常是指在高山的环境之下，个个人或两三人的小队来爬山，以轻便的装备、快速的行进速度前进。在中途不靠外界的补给，也不需要架设固定绳索，以方便反复地上升下降来适应高度与补给物资，一鼓作气爬上山顶并且平安回来，若是不能登顶就折返。——译者注

回溯往事，这位西班牙第一位登顶珠峰的女性，其投身攀登之路，始于何时呢？

阿拉瑟丽从 15 岁就开始练习洞穴探险。当别的女孩喜欢娃娃、办家家酒时，她喜欢的是山地行走、滑雪、攀岩和攀冰等户外运动。她对登山真正产生兴趣源于一次理疗课程。她为自己设立了一个目标：要登上位于马拉加托罗克斯的 GSEM 山（1070 米）。从 18 岁开始，她的生活几乎围绕着登山及其相关运动展开。1991 年，她来到了位于巴基斯坦境内的高 8047 米的布洛阿特峰，那次她登上了 7100 米处，这是她第一次在喜马拉雅山脉探险。1992 年，她以阿尔卑斯式攀登技法为主，同时融合了其他攀登技巧，最终登上了希夏邦马峰的 8000 米处。

1996 年，她在拍摄巨幕纪录片《珠穆朗玛峰》时，参与了珠峰山难的搜救工作。她提出用字母"X"为救援直升机着陆区域定位，颇受赞誉。

从这些经历不难看出，阿拉瑟丽是一位喜欢迎接各种挑战的女性。作为登山运动员，她始终以"阿尔卑斯式"进行攀登，由于这一技法在中途没有或者几乎没有补给，登山前需要进行充分准备。1997 年她参与了高 6796 米的印度迦尼萨峰的攀登，同年获得了西班牙国家运动委员会颁发的"皇家体育价值"铜奖。1999 年，她实现了在马里的攀登。

在攀登过程中，阿拉瑟丽以阿尔卑斯式攀登为主

2000年她挑战了中国境内的乔戈里峰北峰，攀登至7500米处。2001年春，她尝试登顶干城章嘉峰，但是因为天气恶劣她在距顶峰500米处放弃了登顶。2002年她重回乔戈里峰，在东南峰登上了7100米处。

2003年，她再一次回到喀喇昆仑山脉，但在离加舒尔布鲁木峰峰顶仅70米处的8046米放弃了登顶。同年秋天，她去攀登尼泊尔阿玛达布朗峰，但同样没有登顶，遗憾止步6812米处。2007年她重回珠穆朗玛峰开始巨幕纪录片《珠穆朗玛峰》第二部分的拍摄，这一次拍摄使用了3D摄像机。该纪录片于2013年上映。

除了登山运动之外，阿拉瑟丽还在其他领域展露才华。她写作了几本书，还亲自配图。如"七峰"系列的《迪娜的子女》，该系列书由成都小老虎文化传媒有限公司以中文发行。

2008年，她发表了七部系列短篇小说的前两本：《迪娜在珠穆朗玛峰》和《迪娜在南极》，随后又发表了《迪娜在阿空加瓜山》《迪娜在乞力马扎罗》《迪娜在德纳里峰》等。这一系列故事的主人公迪娜，是一个有着蓝色头发的女孩子，她试图登上每块大陆的最高峰。阿拉瑟丽身体力行，以体育和旅行作为载体教给人们尤其是孩子们关于价值、行为和多元文化的涵义。

这些年来，阿拉瑟丽组织了多次登山活动，她是职业

阿拉瑟丽与攀登七大洲最高峰的迪娜

阿拉瑟丽在TED演讲中与观众们分享登山的体验与心得

登山运动员的榜样，同时也是备受喜爱的演讲者、作家和插画师。

与阿拉瑟丽·瑟加拉珞珈的下午茶

——扼住命运的咽喉

我一直觉得，我们不是命运的傀儡。未来不是不可预知的，也不是偶然随机的发生，未来的一切正由我们的今天决定，被我们今天的选择所塑造。

——选择你的态度，就是选择你的未来

问：每天早上从你内心深处会浮现出什么词？

答：冒险、探索、发现、学习……好吧，并不完全是这样，事实上，这些词几乎描述了我每天早上的精神状态。

我认为每天都是发现、学习的机会，我对明天始终心怀憧憬。这里所说的冒险，不是说要登山或者去热带雨林才是冒险。生活中的每一天都是冒险。

问：你认为有一个词能形容女性吗？

答：冒险。虽然人们往往觉得，"冒险"两个字永远是和伟大的男性探险家的名字联系在一起。但我认为，女性应该是具有冒险精神的，而且向来如此，虽然我们自己并不这样认为。

女性经常有逆水行舟、迎难而上的精神来实现我们的目标，女性能和恶劣的环境斗争。有很多女性在各个领域都取得了伟大的成就，她们都以某种方式过着冒险的生活。

——每每想到故乡，她是我的盔甲，一个让你在经验中充实自己的地方

问： 对你来说巴塞罗那意味着什么？

答： 充满机遇。这是座多元文化的城市，某种程度上，生活在巴塞罗那就犹如在探险，不断为我提供重塑自我的机会。

问： 在职业生涯中最让你难忘的城市或国家是哪个？

答： 我很难抉择。选择一个，好像意味着你的旅行中只有一次是值得的。但如果打开我的回忆宝库，我觉得所有地方都是难忘的。不丹的廷布，中国西藏的拉萨，布基纳法索的瓦加杜古，哥伦比亚的卡塔赫那，阿根廷巴塔哥尼亚的卡拉非特……还有很多很多地方。

问： 一个城市的哪些元素对你来说有吸引力？

答： 空气里的气味、街道上的光线、地理环境，还有当地的人文传统……

问： 这些有吸引力的元素你能在巴塞罗那找到吗？

答： 如果有人看不到的话，那他一定是瞎了。

问： 你最喜欢巴塞罗那什么？

答： 那些窄小古老的街道，有小手工艺品商店的古老街区，

现代的建筑、餐厅，和海边的微风。

问：你还记得 1992 年的巴塞罗那奥运会吗？

答：是的，当时我正在去中国西藏的路上，我在尼泊尔当地的电视上看了一些比赛项目。

——翻越珠峰，就是中国，一个遇到新的挑战的地方

问：你了解上海吗？东方呢？

答：对上海或者东方，我都不太了解，但是我多次攀登过中国西部的山峰以及喜马拉雅山脉。

问：你会怎么评价人们把你和中国的女性运动员联系在一起？

答：我想，我们是通过体育和旅行来实现学习目标的同一种人；把我们联系在一起评价，是对于我们独立、自尊和性别平等的肯定。

问：对你来说上海意味着什么？

答：一个崭新的地方，有新的机会，在那里可以学习其他的文化，可以从中获得许多启发。

问：如果请你描述一下上海，你会选择哪些词，为什么呢？

答：上海是奇妙的，因为她和我了解的所有城市都不一样。

——关于女性，改变

问：在你的职业里面，身为女性意味着什么？

答：当我刚开始从事登山运动的时候，几乎还没有社交网络，

尽管如此，我还是得到了媒体的关注，我用这些关注来打破人们对登山运动中男女运动员之间差异的陈见，将大家的关注点还原到应有的地方。

问：那在生活中呢？

答：我觉得身为女性，认识到这一点，是对自我身份的认同。

问：女性在从事体育运动时常会遇到的困难或者障碍是什么呢？

答：困难可能在于她会忽略和压抑她自己的需求和天性，让别人的意见左右她的想法。

再高的山峰也无惧登顶，成功是阿拉瑟丽的使命所在

问：一直以来登山运动都是由男性运动员掌控的，你怎么看待这个问题？

答：在登山运动中所有人都是一样的，一座山峰不会因为攀登它的人是男性或者女性而改变它的倾斜度。

问：和你的男性同伴相比，在登山运动中女性有哪些不一样的地方？你的女性同伴有些什么特点？

答：我的团队就像一架阶梯，我们彼此扶持。我们的团队并不围绕或者突出我一个女性登山者的身份，这正是我想要和我所见到的。我不会去刻意寻找差异。我只在意对方是不是队友，而不在乎他们是男性还是女性，能给这个团队作出贡献才是根本。既然我们追求平等和公正，再谈性别差异是无意义的。

问：在工作中作为运动员和作为教练有什么不一样？

答：在我给企业开会时，我用攀登作为比喻：我们在生理上、精神上和情感上都要不知疲倦地攀登高山，在商业活动中也是这样的，也是在攀登高山。

问：作为女性，你是怎样平衡家庭生活和工作的？

答：微笑。

——城与城，此心相近，此情相连

问：如果我说到巴塞罗那—上海，你会想到什么？

答：两座多元化的城市、两种完全不同的文化、两个相隔遥远的姐妹。

问：你会怎样在两个城市之间建造一座桥梁呢？

答：我会满怀热情去发现、了解、学习和沟通。

问：你生活中的桥梁是什么？

答：好奇和尊重。

问：你认识上海的女性运动员吗？在她们和你之间有什么区别呢？

答：我还没有这个机会。

——女性"她"力量：突破局限，感召后辈

遵从你的直觉，忠实你的原则，不会有任何问题，只有一些障碍，而这些障碍是可以被克服的，最困难的是迈出第一步。

问：在你年轻的时候谁对你的影响最大？

答：对我影响最大的是我的朋友们。我不会去钦佩某本杂志封面上出现的陌生人，我会更在意我身边的人。

问：你最难忘的一次登山是什么时候？

答：这样的登山经历有很多。巴塔哥尼亚的斯坦哈德塔、中国的希夏邦马峰、巴基斯坦的无名塔、尼泊尔的阿玛达布朗峰、马达加斯加的萨拉诺罗峰，当然还有珠穆朗玛峰。

问：作为登山团队中的一员，你最看重的是什么？

答：从你的同伴那里能得到的最好的礼物之一，就是被接纳为团队的一员，被同伴肯定和爱着。

"剑和我融为一体。"中国女子重剑队前主力仲维萍如是说。少年成名，20岁时获2001年第九届全运会女子重剑团体冠军。仲维萍赛场上的飒爽英姿背后，是付出了几倍于常人的努力。

　　"大海和我融为一体。"娜塔莉娅·维亚杜夫赖斯内·佩雷纳如是说。在世界帆船锦标赛中得过两枚铜牌，在1992年和2004年奥运会上获得银牌的好成绩，让她扬名世界。

　　独自藏在击剑服下，是寂寞的，一如独自航行在海上，是寂寞的。但体育让她们超越了自己的胆怯和恐惧，成为了克服自己弱点的人，成为了勇敢的女性。

仲维萍：击剑让我学会了勇敢

文/王伟祯

　　中国女子重剑队前主力仲维萍，少年成名，20岁时获2001年第九届全运会女子重剑团体冠军。2003年获全国击剑冠军赛总决赛女子重剑个人冠军、女子重剑团体世界杯冠军。2004年作为主力出征奥运失利后，曾经历过一段漫长的休整期，甚至在2005年全运会后萌生退役之念。2006年起重振旗鼓，接连夺下女重世界杯南京站个人冠军、世锦赛团体冠军、多哈亚运会女子重剑个人赛亚军，走向职业生涯的另一个全盛期。2012年因在比赛中左腿十字韧带断裂，半月板损伤，无缘伦敦奥运会，之后退役。

　　人人都说性格决定命运，那么又是什么决定性格的呢？仲维萍给出的答案是击剑。击剑让她学会了勇敢，也改变了她整个人生轨迹。

被"逼"出来的勇敢

和仲维萍第一次见面是在咖啡馆里。她坐在落地窗前，自若而健谈，明朗的笑容一如窗外明媚的阳光。谁会把眼前这个侃侃而谈的她和十几年前那个内向而胆小的小女孩联系在一起呢？

父亲因病离世，年幼的仲维萍由妈妈一手带大。既要工作又要照顾孩子，妈妈的辛苦可想而知，但妈妈还是尽全力为她着想，给予最周全的安排与照料。每天从女儿放学到她下班回家之间有好几个小时，让孩子一个人待家里她不放心。在亲戚同事的介绍下，她给女儿报了个练武术的兴趣班，既能学点东西，又希望小伙伴的陪伴让她更快乐。

练武术就得吃苦。仲维萍学武术时已经7岁，韧带没有小时候那么柔软，每次压韧带都疼得紧咬牙关。动作要做得到位、漂亮，脚就必须踢过头，后空翻就不能怕摔，否则等着她的就是教练不留情面的责罚。但是，仲维萍喜欢运动，在她看来，练武虽然苦但也充满乐趣。

初中时，仲维萍家从虹口区搬到了长宁区。下课后该怎么安排？同样的问题摆在妈妈面前。在妈妈的热心同事引荐下，她进了体工队击剑组。

　　那时电影《佐罗》风靡一时，挥舞着剑，她觉得自己就像佐罗一样帅气、敏捷；但是，站上台，要和对手比剑时她却怕了，提着剑只知道避和躲，却忘了该怎么进攻。

　　"要么从台上跳下去，要么迎上去好好打！"教练吼道。

　　没有退路，她的面前只有一条道：进攻，再进攻……

　　在击剑比赛中，扩大优势完美收官，或是缩小差距成功逆袭，打最后一场比赛的人可能背负着全队输赢的命运，责任之重、压力之大可想而知。仲维萍常常被教练安排在这一场上阵。"我就要把你放在重要的位置上锻炼。"这是教练的信任，也是针对她的胆小开出的处方，而她在一次次全力以赴的较量中忘了胆怯，变得出色。

　　在击剑场上，有的人剑风泼辣，有的人风格保守，剑如其人，一场比赛下来，从对手的用剑风格你就能感受出他的性格和处事方式。仲维萍将自己的风格归类于霸气，而霸气的底色正来源于勇敢与自信。

　　在上海队里，多年来朝夕相处的教练自然懂你，但是在人才辈出的国家队，一切都要重新开始：不仅要用场上的表现引起教练的关注，还要善于待人接物，懂得如何与教练、队友沟通。可是，内向的仲维萍最怕的、最不擅长的就是交流。全新的环境，陌生的教练，个性不同的队友，这些促使她思考：该如何让教练、队友了解自己？该用什么样的沟通方式交流？于是，她渐渐变了，变得外向，变得合群，变得敢于表达自己的见解……对她而言，这是另一种勇敢。

人们常说性格改变命运，而让她的性格发生一百八十度大转弯，从胆小内向变得勇敢外向的却是与击剑结下的缘分。

输了又怎样？

比赛场上，每个运动员都是奔着金牌而去的。

就像一枚硬币的两面，在夺冠的信心与渴望的背面是对失败的失望与害怕。在旗鼓相当的较量中，得与失的心态是左右输赢的决定性因素，在击剑这类两两对抗的比赛中，这点显得尤为关键。

1997年成为专业运动员的仲维萍，正好遇上击剑队新老换血期，对新人而言这是个不错的崭露头角的机会。经过短短几年训练，2001年，刚满20岁的仲维萍参加全运会就与队友合作斩获了团体冠军，顺利地成为了国家队主力队员。

但是，2004年，在这条顺风路上刮起了逆风：雅典奥运会上，她表现一般。2005年全运会时，她并没有出现在主力队员的名单上。

此时，她仍信心满满：与20岁相比，自己的能力与经验都有了长足的进步。况且，自己已经有过全运会获胜的经历，因此，此次更优秀的自己胜算更大。她觉得自己的能力和心态都调适到了最佳状态，她有预感这儿将再次成为自己的福地。

　　她错了。这次全运会，她的表现很糟糕。吃惊之后是委屈：自己明明那么努力，付出了那么多汗水与辛劳，为什么却得不到相应的回报？一气之下，她萌生了退役的念头。

　　退役还是继续？这个问题，她从全运会之后一直纠结到2005年底。想放弃，却又不愿意十多年的努力付诸东流，在与教练一次长谈之后，心底的不甘促使她决定再拼一次，这次她的目标是亚运会。要想成为主力队员去亚运会，她就得拼积分。而让人焦急的是2006年初，她的状态仍欠佳，个人名次第八，主力队员必须排在前六之内。

　　离亚运会的时间越来越近了，要是积分不够赶不上怎么办？

　　那就回家呗！这就是最坏的结果了。但一个句号终结总是新篇章的起始。所以，这又有什么好怕的呢？

　　卸下"包袱"的她轻装上阵，在2006年击剑女重世界杯南京站的决赛中以轻灵的一剑夺得冠军，积分排名一下跃居第二。紧接着，在2006女重世锦赛上，她作为主力队员出征。在团体项目的前一天，教练问她：明天我想让你上场，你有信心吗？

　　有信心。她回答。

　　在这场比赛中，她和三名队友并肩作战，从第一场打到最后一场，取得了团体冠军。这也是中国女重项目第一次拿到世锦赛的团体冠军。

那天正值中秋节，晚上她和队友们一同欢聚，分享从中国带来的月饼。天涯共此时，这个中秋，如此圆满。

第二天早上，她有生以来第一次从梦中笑醒。摸摸自己上扬的嘴角，她觉得不好意思了：自己的笑声没惊醒室友吧？回头一看，旁边的人早醒了。两人一交流，这才发现原来大家都一样。

至此，她也更深刻地理解了赛场上决胜的关键：能力、状态都在其次，心态最重要。

有时，心态一瞬间的改变就会扭转整场比赛的形势。

击剑比赛以三分钟为一局。每局之间有一分钟的调整，这是给运动员摘下面罩擦汗喝水的时间。一次比赛，她以3∶10落后于对手，观众们都以为输赢已定。一局结束，她正解下面罩擦汗，一抬头恰好与第一排一道熟悉的目光相遇，这一刻，一个念头跳入脑中：输没关系，但不能输气势，不管怎么样，我都得想办法刺她几剑，把气势给打出来。她重新振作起来，对方在她的凌厉攻势下缩手缩脚，捉襟见肘。最终，她出乎大家意料地赢得了比赛。

在前方，幸福等着她

是啊，输了又怎样？

当她能坦然面对最坏的结果时，恐惧退避三舍，运气向她招手。同样，退役后，面对完全不同的新工作时，她也敢于"清零"："虽然冠军的光环是一辈子的，但它仅仅代表当时的自己达到了那个高度，而现在的工作是崭新的开始，并不会因为你是冠军就能做好。"所以，放低姿态，既要抱着"学生"的心态努力适应，也要有失败也没关系的精神。

当运动员时，一年只能有一周的探亲假，逢年过节往往正赶上比赛期，在比赛中过中秋、大年夜稀松平常。那时手机尚未流行，宿舍的桌上IC电话卡厚厚地垒得像一副副扑克牌，一到晚上，大家就抢着给家里人打电话。遇到困难时、受委屈时她最想家，电话那头说什么都不重要，只要听到家人的声音，心里就顺了。

场上的状况千变万化，对手在变，她也在变，每个微小的变化都对结局有深远的影响

　　妈妈从一开始就支持仲维萍的击剑事业，但也最心疼她。2006年，妈妈第一次坐在观众席上看她比赛。比赛结束，妈妈的脸色都变了，过了好久，她说："以后别叫我来看了，心脏受不了。比完了，和我说说就好。"关心则乱。因为关切，所以刺向仲维萍的每一剑就像刺向自己的心脏一样。于是，所有的牵挂与担心，就化成每次通话时说得最多的那句"身体当心点"。

　　而每年回家的那个星期，妈妈总是变着法子给她做好吃的，所有的思念和疼爱都化作一碗碗慢火熬煮的汤，一盘盘用心烹饪的菜，只为了最快乐的欢聚，最好的休整。

将奖杯高高举过头顶，享受成功的喜悦，这是她该得的

　　认识丈夫后，同样从事体育工作的他也非常支持她的击剑事业。为了比赛拼积分，她和丈夫商量晚两年生宝宝时，丈夫毫不犹豫地同意了。2012年她出国比赛因扭到膝盖拉断韧带，躺在医院养伤时，丈夫和妈妈24小时轮流照顾她⋯⋯

　　如今退役了，该是时候多陪陪这些挚爱的家人了。她心中理想妻子是善解人意而体贴的。曾在自行车队做领队的丈夫要是在工作中遇到困难，她不会跟着一起抱怨，而是帮着分析困难，用自己接触过的领队作为案例来开导他，帮他换个角度看问题，而丈夫在工作中遇到问题时也最喜欢和她交流。

　　面对孩子，她坦言自己不愿做个严厉的妈妈。"希望给他一个快乐的童年，只要他喜欢、想尝试的东西就放手让他去学。"小家伙一岁多时漂亮而调皮，喜欢在家里的各个角落爬来爬去探险，喜欢拿着扫帚打扫卫生，喜欢拿着玉米棒开演唱会⋯⋯一刻不得消停，看上去准是遗传了爸爸妈妈的运动天赋了。对此，仲维萍已经有了自己的计划：对男孩子来说，柔道不错，能教会他更好地保护自己；足球也很棒，能让他学会团队合作；还有网球，在球场上晒得黑黑的，健康而阳光。

　　那么会不会让他学击剑呢？

　　可以啊。但是若是我教他，肯定要求高，要求太高又失去了运动的乐趣，这可不好，还在犹豫呢。我希望和孩子如朋友般相处，但要是一家人都想和他做朋友，那么我可能就是"虎妈"了吧。

她灿烂地笑了起来。

此刻，在前方，幸福等着她大胆地伸出双臂，来一个大大的拥抱。

朋友眼中的仲维萍

陈燕（前队友）

问：你俩是在怎样的机缘下相识的？

答：我们是因击剑而结缘的，从1998年开始我们就在一个队里训练、打比赛了。

问：在你的印象中，她是一个怎样的人？

答：干什么都很较真、很执着，对朋友特真心的一个人。训练的时候，别人都在喊吃不消的时候，她在一旁鼓励道：再坚持一下吧。教练下达的弓步训练20个一组，要连做五组，别人做到第三组就坚持不下去了，但是回头一看，她还在咬牙坚持，很能吃苦，也很实在的一个人。

问：在你们相处的岁月中，对她印象最深刻的一件事是什么？

答：有一次，在云南全国击剑冠军赛的决赛场上，她在比赛开始时，扭伤了脚踝。一般在这种情况下，选手会选择退出比赛，但是她没有，坚持到最后。这种精神让人印象深刻，难以忘怀。

刘君（师妹）

问：你俩是在怎样的机缘下相识的？

答：小时候我很胖，在亲戚的介绍下去了击剑队，想通过击剑来减肥。于是，我认识了仲维萍，那时我10岁读三年级，而她比我大两岁，是我的师姐。

第一次见到她就觉得她是一个非常英气的女生，有穆桂英挂帅的气概，这大概和她小时候练过武术有关吧。

那时，作为师姐，她有时会根据教练要求来带我们练剑。在我12岁的时候，她进市队了，过了两三年，我也进市队了，于是我们又在一起训练、比赛了。

问：在你眼中，她是个怎样的人？

答：在我的眼里，她是一个很真诚的人，即使对不熟的人，也会真诚相待。训练时，她会指导我练剑，尤其在训练场上，当我感到害怕时，她会鼓励我；生活中，她也会用自己的经验给我建议，让我少走弯路，是一个很懂得呵护师妹的大姐姐吧。

她很努力，但也懂取舍，当她发现这件事已经超出自己的能力，也会果断放弃，是个很有分寸的人。她曾说："该有的老天都已经给你定好了。该我的一定要拿到手，不该我的我也不争。"

问： 在你们相处的岁月中，对她印象最深的一件事是什么？

答： 她是个很有使命感的人，也为此承受了很大的压力，和她在一起有时会感觉到她身上的"不轻松"。第九届全运会前，教练的希望、领导的希望都放在她身上，她压力很大，每天晚上会到田径场跑步，在空旷的场地上，放声大喊，这是她的减压方式。她说："该我上我就上！"面对压力，她敢于挺在前面，这是一种勇气，顶着压力熬到今天真的很不容易。

**关于
双城**

问： 去过巴塞罗那吗？对它印象如何？

答： 我参加过五六次世界杯巴塞罗那站的比赛，2008年积分赛还拿到过冠军，那次对进奥运帮助很大。记得有一次比赛恰好是在大年夜，外面下着暴雨。不过，有个队友发挥得不错，进了前三。2001年到2008年春节我都在国外比赛，大年夜那天，我们会去中餐馆加个菜，就算过年了。

问： 有没有去过西班牙其他城市？

答： 我还在马拉加参加过训练。当时我们队有个外教是当地人，所以我们在那里训练，每周一至周五训练，周末出海或是去山上徒步。那里人少空旷，景色宜人，是个有着诗样生活的地方。在那里山上的果园中我尝到了野枇杷，看上去不起眼却很甜很好吃；还有很棒的葡萄；还第一次吃到了桑葚。

问：上海是你的故乡，提到上海你第一时间想到的词是什么？

答：家，嗲，精致。每次回家，我都要吃小馄饨、锅贴，在外面最想的就是它们了。我想小馄饨是上海精致生活的代表吧，薄薄的一层皮裹着粉粉的一团肉，一口一个刚刚好，皮子顺滑，肉质Q弹，还有汤里的紫菜、蛋皮、葱花，鲜美丰富，每一个细节能让你感受到精致，嗲！

每次回来，我必到外滩、衡山路逛逛，在梧桐树阴搭起的绿色长廊中走一走，看看两边的小洋房，真是一种享受。在精致这一点上，上海和罗马很像，在小巷子里、马路上常会有历史文物给你惊喜，比如在一条小巷里遇上了许愿池。而在上海的泰康路、衡山路上，你也会遇到很有故事的建筑。

娜塔莉娅·维亚杜夫赖斯内·佩雷纳：
扬帆扁舟，与大海共驰骋

娜塔莉娅出生在巴塞罗那，是奥运会帆船金牌得主贝戈尼亚·维亚杜夫赖斯内的妹妹，同样也是一名帆船手。15岁那年，她的生活迎来了变化。她在2000年和2001年的470型帆船世界级比赛中排名第三，在2001年的欧洲比赛中也取得同样的好成绩。她得过的奖牌数不胜数。她在世界锦标赛中得过两枚铜牌，在1992年和2004年奥运会上，分别获得"欧洲"型和470型（与搭档桑德拉·阿松一起）银牌。现在拉亚·图索是她的队友。

"1981年，大海和我融为了一体。"她如是说。帆船，是一项纯粹的体育活动，但纯粹并不意味着简单。她把她全部的热情都献给了帆船。就像任何一个妹妹都想循着哥哥姐姐的脚步前进一样，她也在姐姐的身后，开始了帆船运动的生涯。

这是她自己讲述的她的故事……

"我出生于1973年，当报名参加在巴塞罗那举办的马斯洛航海奥林匹克帆船比赛的时候我只有8岁。那次经历激发了我对帆船这项运动的热爱，直到它成为了我生命的中心。我开始把所有的空闲时间都花在海上。我参加了加泰罗尼亚队，被选中参加锦标赛，参加第一场全国性比赛及国际性比赛。

"在15岁的时候，我决定改变我的方向，去参加级别更高的"欧洲"型比赛，在我几次尝试之后，恰好它成为了奥运会项目。这个契机出现在1992年巴塞罗那奥运会前夕。为了进入奥运预选队，我非常努力地训练，终于得到了一个名额。这是我体育生涯中的一个重要时刻，我仅19岁的时候就获得了一枚奥运会银牌。"

娜塔莉娅在职业生涯中获得了很多成功，同样她也牺牲了很多。严苛的形体训练让她伤痕累累。在大海中进行严格的训练，她付出了许多努力，承担了许多责任。她献身于这项事业，并且不断地在学习。在大海中的丰富经历使她成为了最有价值的奖牌运动员之一。

"一枚特别的奖牌：1992年巴塞罗那奥运会银牌。在这之后，我获得了理疗和按摩专业的学士学位，我一边学习一边继续努力地训练。我还在耐克的女性运动市场部工作过两年。在24岁的时候我又一次选择改变帆船类型，变为了470型，这是一个双人的项目，从那时起我就和我的搭档桑德拉·阿松一起练习。我们一起获得了2001年和2002年世界锦标赛的铜牌、欧洲锦标赛2002年的银牌和2003年的金牌、2000年悉尼奥运会第七名，还有2004年雅典奥运会的银牌，令我们振奋不已。"

2005年，娜塔莉娅有了一个新的挑战：她开始和新搭档拉亚·图索一起航海。"2005年我们在阿尔梅里亚赢得了地中海航海赛的金牌，在这次成功之后，我有两年时间完全在巡洋帆船上舒服地练习。然而我的竞技精神一次又一次地显露

雅典奥运会上，娜塔莉娅与搭档默契配合

出来，最终，我们决定开始准备2008年北京奥运会的入围赛。经过八个月的准备，我拿到了人生第四次奥运会的入场券，在那次比赛我获得了第十名的成绩。"

值得强调的是，她在2007年到2008年练习巡洋帆船期间，作为56英里赛和TP 52比赛的指挥者，和圣塔安娜房地产队一起参加了比赛。第二年，她在全是女队员的马特瑟斯队里担任船长，2010年她作为45英里赛战术专家加入了瓦伦西亚的一支队伍。同样，在2007年到2010年，受圣塔安娜房地产公司、阿斯图里亚奶制品公司、航海基金和慕斯拖和澳克利品牌的资助，她驾驶她自己的博纳多25英尺单体帆船在国内航线和国际航线比赛中航行。

"我发自内心地认为，我获得的成功是我对竞技航海热情忠实的见证。这些是其中最有代表性的：

奥林匹克帆船赛

1992年巴塞罗那奥运会和2004年雅典奥运会银牌。

1997年和2005年地中海帆船赛470型铜牌。

2003年布莱斯特欧洲锦标赛470型金牌。

2002年爱尔兰欧洲锦标赛470型银牌。

2001年和2002年世界锦标赛470型铜牌和1995年"欧

洲"型铜牌。

七次获得帆船比赛冠军

七次获得巡洋帆船赛冠军：2005年在圣塔安娜房地产公司帆船队作为JV56的战术指挥。2006年在圣塔安娜帆船队作为TP52的指挥。2006年撒丁岛劳力士杯ISAF离岸帆船世界锦标赛第一。2008年在路易斯·阿雷格蕾队作为GP42船长。2010年在卢比奥笔记本队作为战术指挥。单人帆船赛：2007年第26届国王杯帆船赛玛丽娜·卢比孔号船的战术指挥。2007年由圣塔安娜房地产公司赞助的戈夺伯爵杯帆船赛第一名。2006年宝马杯帆船赛第一名，由阿斯图里亚奶制品公司赞助的克里特岛世界锦标赛第六名。2009年摩纳哥·普利莫杯帆船赛第一名，马贝亚杯西班牙第三名，蓬塔阿拉的世界锦标赛作为船长获得第四名，由阿斯图里亚奶制品公司赞助。其他比赛：2007年圣塔玛利亚港赛第三名，作为赞助者的欧洲女子第八名。2009年作为赞助者的锦标赛第三名。"

成功是我对竞技航海热情忠实的见证

——如何斗志满满开启一天

问：每天早上从你内心深处会浮现出什么词？

答：动力，以及从挑战中学习，在生活中成长。

问：你认为这是和身为女性有关的词吗？

答：我认为有一定的关系，但还是取决于个人，而不是取决于性别。虽然我觉得如果我们考虑到男性和女性间的各种统计数据，女性相比男性其实取得了更好的结果。我觉得，不论挑战的级别大还是小，我们女性在挑战面前都表现得更拼，更坚韧。

——家，永远最温暖的字眼

问：对你来说巴塞罗那意味着什么？

答：巴塞罗那是我的故乡，是我生活的地方和我的大本营。因为比赛我经常要去很多地方，但我永远都喜欢回家的感觉，享受我的城市。

问：比赛中你最难忘的城市是哪里？

答：在比赛中我最难忘的城市是悉尼。

问：为什么那座城市对你来说有吸引力呢？

答：我在悉尼待过一段时间，是为了准备2000年的奥运会，我还记得那里的人们非常友好，那座城市让人很愉快，城市治理得很有序。

问：你在巴塞罗那能找到同样的吸引力吗？

答：当然！巴塞罗那是一座让人舒适的小城。你可以找到多种多样的活动。

问：你最喜欢巴塞罗那什么？

答：在我航行时候的海平线。

问：如果让你把巴塞罗那比作一项运动，你觉得是什么？

答：我想不出来一项运动，对我来说如果我要把它拿来比较……巴塞罗那会是奥运会中的"所有运动"。

问：你会建议国外的女性朋友来巴塞罗那工作或者继续学业吗？为什么？

答：当然，巴塞罗那是一座很好相处很令人舒服的城市，你能找到来自五湖四海的人和工作，只要你想就有很多机会。

问：你还记得1992年的巴塞罗那奥运会吗？

答：当然！就像昨天一样。1992年的奥运会是一个承前启后的时刻。

——想不想来上海闯一闯

对我来说，去中国生活是一个挑战，因为我不懂他们的语言。文化非常不同，但是我认识非常友好的中国人。

问：你了解上海吗？东方呢？

答：我从来没去过上海，但我看到过对它的描写，这是中国最重要的城市之一。我2008年奥运会的时候去过青岛，返程的时候去过北京。但仅此而已，我了解得不多，但是我很希望能去东方更多的地方。

问：你怎么看待把你和上海的女性运动员联系在一起？

答：我认为虽然我们有不同的文化，但我们都是运动员，这个共同点就使我们联系在了一起。我们有能力工作、奉献，付出了相同的努力，适应各种各样的变化。我们都具有女性的坚韧和责任心。

——你心目中的女性力量

问：在你的职业中，身为女性意味着什么？

答：一方面在体育的世界里，已经开辟出了道路来进行帆船运动的比赛，包括在奥运会的比赛；但同时我也感觉当我在以男运动员居多的集体中比赛时，领队在重要的位置更偏向于选择男运动员，比如重要的驾驶中的战略决定等，这对我的发展也是一种阻碍。

问：在生活中呢？

答：在生活中，身为女性使我有机会有了我的儿子，在40岁的时候我成为了母亲，安静地享受这种新生活的每一天。

问：你觉得你认识的女性对体育感兴趣吗？你在大学的时候感受到了这些女孩子对体育的热情吗？

答：是的，因为女孩子们经常都会跟着偶像行事。当我在学校向她们解释我的职业或者做演讲的时候，我能感觉到她们在听我说话，在感受体育。

问：帆船运动一直以来都是由男性运动员掌控的，你对这个怎么看？

答：这是事实，你如果不是男性就很难受到重视。从个人来说，我经历过，确实很难。

问：和男运动员相比，女帆船运动员有什么不同？你的同伴们有些什么特点？

答：我们并没有太多不同。唯一的不同就是男运动员在身体上比女运动员更强壮，由于他们在这个领域有更多机会，所以他们有更多的优势、经验和知识。

问：你在从一个运动员到一位榜样的转换中遇到了什么困难或者挑战吗？

答：是的，我需要学习演讲，在执教中或航行中需要和更多人相处。

问：在工作中作为运动员和教练员有什么不一样？

答：当我在比赛中，我对我自己的所作所为负责，但是当我是教练的时候，我可以建议应该怎么做，但我做不了主。

问：作为女性，你是怎样协调你的工作和家庭的？

答：这很难掌控，因为我有一个需要我关心的孩子，他对我来说是最重要的，所以现在我已经转换了角色……

——在中国，也有一座海边的城市

桥是两个点的连接，连接两个不同的地方……

问：如果我说到巴塞罗那—上海，你会想到什么？

现代化、未来、协作……这是两座靠海的城市，它们在过去25年中都发生了很大的变化，我相信它们之间有很多相似的地方。

问：你会怎样在两个城市之间建造一座桥梁呢？

答：在我看来，上海和巴塞罗那一样，是一座现代化和发达的城市，但我认为巴塞罗那相比上海有更多在体育、文化和经济方面的经验基础。

巴塞罗那可以借鉴上海那样的现代城市的系统，两座城市都可以凝聚力量获得更好的发展，可以作为"城市就是力量"的榜样。

问：你生活中的桥梁是什么？

答：体育和我所践行的价值。通过体育我学会了做自己，我有不安，有幻想，但我也会战胜困难，面向未来。

——作为拥有生活艺术的"榜样"，来帮助年轻人实现他们的目标

明确目标和困难，然后克服它们。要对你的目标坚定不移。要坚强，保持努力。在漫长的道路上需要付出很多。

问：体育运动被认为对于人格和性格的塑造都至关重要。那体育又是怎样帮助人格的塑造的呢？

答：我认为体育运动需要在有体育规则的环境中进行，这就需要能接受失败，懂得什么是友情。在实现了你的目标之后你就会变得强大。

问：在你年轻的时候谁对你
　　的影响最大？

答：我的教练。

问：你最难忘的帆船比赛是
　　哪场？

答：2004年雅典奥运会。

问：你和队友们一起进行帆
　　船比赛的时候，你最看
　　重的是什么？

娜塔莉娅依在帆船上，展示她获得的
银牌

答：在船上有好的气氛，在比赛的时候能找到乐子。

问：你和队友们会一起去航海吗？

答：是的，我喜欢和队友们一起航海，很愉快。

问：你会怎样形容你和团队的关系？

答：我很依赖和队友的关系，我是很看重竞争的，但是我也
　　很看重个人关系。

问：作为帆船运动员，在这项运动中获得成功最需要的是什么？

答：知识、经验、有竞争力，不要觉得男运动员会赢过我。

问：你会第一个和谁分享成功的消息？

答：我的教练。

问：在你职业生涯发展的过程中，你从家人那里得到了哪些
　　帮助？

答：只要我完成大学学业，我总是会得到无条件的支持。当

我需要的时候他们一直在我身边。

问：你的竞技精神从何而来？你认为和你所受的教育有关吗？

答：我也不知道……

问：在你的人生中谁对你的影响更大，是爸爸还是妈妈？

答：我妈妈。

问：从精神上和心理上来说，成为一名优秀的帆船运动员需要具备哪些品质？你认为这些品质对你人生的规划有用吗？

答：需要有冷静的头脑，要有明确的目标，要保持警惕，这样外界的困难才不会使你降低效率，不会对你影响太大。试着把所有这些都融在我的人生规划里面。

问：你怎样定义成功？

答：达到既定的目标。

问：帆船运动员的经历对你人格和处事上有什么影响？举个例子呢？

答：大海瞬息万变，我认为在帆船运动中我们很习惯于立刻作出判断，很好地接受变化。我觉得我们是具有牺牲精神的人，我们不会半途而废。

问：你作为运动员经历了很多起起伏伏，你是怎么度过那些困难的时刻并把它们变成你的财富的？

答：总是会有困难的时候，但是不要老是停留在"失败者"的状态。必须要用一些新事情替代，迅速地振作起来。因此内心强大是非常重要的。

问：你会时常和你儿子一起运动吗？你喜欢和小孩子一起进行什么运动？

答：帆船倒不是经常。我们经常一起跑步，他骑车，我在他旁边跑步。他喜欢和我比赛并胜过我！

问：你对你儿子在体育上有什么期待？

答：就目前来说我什么期待都没有。我希望他能为了个人的成长去从事某项体育运动，但我不会强迫他去做他不喜欢的事情。

陶璐娜的名字，注定要被载入史册。

国人难以忘怀，2000年在第27届悉尼奥运会射击比赛中，陶璐娜获女子10米气手枪项目冠军时举国上下的狂喜。那是那一年中国奥运代表团夺取的首枚金牌。

这个爽朗的上海女性，是个假小子，讲义气，重教育，更懂得坚持的力量。在退役后，她始终活跃在青少年体育推广事业上。母亲的新身份，让她更懂得体育的真正涵义，不仅仅在于获得名次，而在于改变与塑造人的性格。

更高更快更强，不是为了追金夺银，而是为了在生活与生命中，探索人的更多可能与追求更好的发展。

陶璐娜：失败是离成功最近的地方

文/王伟祯

　　陶璐娜，著名射击运动员，为人直爽、讲义气。1998年10月在世界杯射击总决赛中，她以489.7环的成绩获女子气手枪项目冠军，2000年在世界杯射击赛中以690.4环的成绩获女子25米气手枪第一名。2000年在第27届奥运会射击比赛中，她获女子10米气手枪冠军，并平奥运会纪录，接着在女子25米运动手枪项目中以689.8环获得亚军。2002年，她在世界杯总决赛中，平25米运动手枪世界纪录。2006年多哈亚运会女子10米气手枪个人和团体冠军。

　　2000年，陶璐娜当选国际射击联合会世界最佳女射手，2001年蝉联国际射击联合会世界最佳女射手。

　　2019年3月，陶璐娜担任上海自行车击剑运动中心党总支书记，上海市徐汇区妇联兼职副主席。

陶璐娜说：写写那些失败吧。成功的故事已被讲过千遍万遍，但其实，失败是离成功最近的地方。

巴塞罗那的苦涩

1998年，24岁的陶璐娜站在巴塞罗那的射击场上，这是她第一次站在世锦赛的赛场上。

标准枪的砰砰声接连传来，响彻云霄，在空旷的比赛场中尤为震耳欲聋，即使戴着耳塞也能听得一清二楚。然而，举着枪的陶璐娜却听不见枪声，只听见自己的心跳"咚咚咚咚"地响着，像是擂得越来越快的战鼓，催促着她举枪，瞄准……

这一次比赛，她和队友获得了女子运动手枪团体冠军，但在个人项目上，她却连前八都没进。

在陶璐娜的心中，世锦赛比奥运会更有分量。奥运会每个国家只能派两人参赛，而世锦赛每个国家可派三人参赛，更多高手的加入意味着竞争更激烈，从某种意义上说，这块金牌比奥运金牌更可贵。而且，能否取得这块金牌将直接影响她能否取得奥运会参赛席位。作为主力队员出征的她，被寄予厚望，自然是奔着冠军而去的。

她没料到会输得那么狼狈，心情糟透了。懊恼、焦急、失落……久久萦绕在心头，或多或少地影响着她之后的发挥——年底在曼谷亚运会的赛场上她的表现也不在状态。

　　为什么平时发挥得好好的，到了大赛会失利？该用什么方式去打大赛？该如何准备大赛？失败促使她去思考。"巴塞罗那的比赛败就败在我太想赢了。"她痛定思痛地总结道。那次世锦赛的住宿地是巴塞罗那一所大学的综合楼，到了晚上，四周安静极了。可是比赛的前一天晚上，她却怎么也睡不着：既为第二天能和顶尖高手在同一赛场举枪较量兴奋不已，又憧憬着在赛场上一举夺冠，一鸣惊人……"身在赛场最忌讳的是想结果。"越是大赛就越要保持平常心。

　　意识到弱点后，她积极调整心态，渐渐在大赛场上找回了状态，登上了巅峰——2000年9月在悉尼举行的第27届奥

除了过程、细节，什么都别想，成功就来了

运会射击比赛中，她以488.2环成绩获女子气手枪冠军。此时回头看，巴塞罗那的苦涩有了清甜的回甘：失败是一种积累，久经沙场才能磨砺出处变不惊的平和与底气。1998年世锦赛和亚运会的失利正是2000年获得冠军的基础。

冠军的三重含义

成为一名世界冠军离不开天赋。一开始，陶璐娜便展露出良好的天赋。接触射击始于她初中时的母校上海明德中学的特色兴趣小组，但刚开始对它感兴趣的不是陶璐娜，而是她的同桌。同桌怂恿她一同报了名，结果两节课下来，她打得比谁都准。虽然用两个木箱子叠起来放在操场上就算是靶场了，一年举枪的机会也只有两三次，但是在全市初高中的射击比赛中，甚至在全市的基层组比赛中，她还是稳稳当当地拿了冠军。优异的表现引起了区射击教练的关注，她受邀加入区射击队，这是她一步步走向职业生涯的起点。

成为一名世界冠军离不开对这项运动始终如一的热情。年少时，陶璐娜就是个假小子，留着短发，衣柜里没有一条裙子。她酷爱运动，骑车、溜冰都是自己跑去学的，游泳更是她的最爱。一到夏天，顶着烈日，天天往游泳馆跑，一天总要游两三场才过瘾，皮肤晒得黝黑发亮。至于射击，可不是人人都能有摸到枪的机会，端起枪的那刻，她感到无比帅

射击，真的是件很帅气的事！

气与自豪，所以初次尝试后，她很快爱上了这项运动。

　　初中时，每次从学校到训练场要骑45分钟，高中的时候还要坐摆渡船才能到那儿。冬天，天黑得早，下课赶到那儿练半小时就得收场回家，但因为热爱，她从来不觉得那一个半小时的来回奔波和半小时的短暂训练相比是桩亏本买卖。高一有一次集训，她发高烧，连奶奶都劝她别去了，但她说："不行，我要去。"因为热爱，参加训练永远是排在第一位的头等大事。由于实弹供应有限，每次训练，单一枯燥的空枪预习占用了一大半的时间，但即使是空枪，她也会认真做好每个动作。因为热爱，就不会觉得枯燥。还有，一年四季，射击训练时都只能穿卫衣、毛衣、皮衣。这三件衣服，炎炎夏日热得人透不过气来，三九寒冬又冻得人瑟瑟发抖。因为热爱，她克服了身体的不适，坚持下来。

然而，纵使有天赋和热情，要在高手如云的赛场上取得冠军，仍需天时、地利、人和。所以，胜败乃兵家常事。顺风路谁都会走，但若是起了逆风，又该如何前行？这是再顶尖的高手都无法回避的问题。

遇到问题就该从自身找原因，这是她家的家风。小时候下雨忘带伞，别的小朋友都有家长来接，但她呢？上班的父母不会请了假来接她，不用上班的奶奶也不会赶来接她，她只能淋着雨回家。但从此下雨天她就记着出门必须带伞。和小伙伴出去玩闯了祸，家长把她领回家，不会说别人的不是，只会批评她。因此，遇到失败，不为自己找理由开脱，而是检讨自身，已经成为她的习惯。同样，这也成为她在赛场上面对失败的态度。

在2000年的悉尼奥运会赛场上，女子运动手枪是她第二个个人项目。此时她刚拿下女子10米气手枪冠军，意气风发，状态极好。所以，在第一场慢射比赛中，她超常发挥，打出了299环的成绩。这离满环只差一环，即使在顶级赛事中也很难见到这么高的环数。选手的速射成绩总会高于慢射成绩，陶璐娜的速射成绩一般不会低于295环，这意味着只

悉尼奥运会，陶璐娜为中国队赢得首金

要她在速射比赛中发挥正常，那么不仅能再夺一金，而且还能以总环数594环平世界纪录，要是保持势头，发挥得再好一些，破世界纪录也无多大悬念。然而，第二天她的速射成绩仅291环。虽然总环数已破奥运会纪录，但还是以0.5环丢掉了冠军。

比赛不能重来。慢射再要打出299环的高分很难，破世界纪录的机会就这样失之交臂。"还是头脑不够冷静，想结果了。"至今回想，她仍觉得惋惜不已，但反省自身，她也更清醒地认识到心态和情绪对个人项目的重要性，对射击项目也有更深的认识。"某种意义上，射击和做马卡龙是一个道理。

同样的面粉、鸡蛋，有的人可以做出好吃的马卡龙，有的人却不能。这是因为水、温度、环境上的细节把握不到位。射击也是一个道理，专注于每一个基础动作，把握好过程，不去想成功，成功也会找上你。"

比赛会有很多意外，比如赛场上突然发现枪出现撞针的状况，需要调扳机，一调分量就不对了，握枪时手感就不适应了；又如站在你边上的对手恰好是个左撇子，射击时，你必须和她面对面站着，她喘口气，你都能感到热气喷到你脸上；再如，乘了十几个小时飞机，飞到大洋彼岸，时差还没倒好就得上赛场；还有会遇上像釜山亚运会那次，住宿地离靶场很远，9点比赛，4点就得起床准备……要想不被意外扰乱心境，只有准备得周全更周全，细节的把握上做得到位更到位，才能在赛场上从容、精准。

2002年，在世界杯总决赛25米运动手枪的角逐中，她打出了594环的成绩，平了世界纪录。至今，只要有这项射击比赛，在运动员的成绩评分表最上方写有世界纪录的那行中就会有陶璐娜的名字。当她的准备充分之时，胜利女神又向她展露了迷人的微笑。

在失败中找不足，就能离下一站成功更近；在困境中勇于逆风而行，就会变得更强大。2004年，陶璐娜在雅典奥运会上遗憾失利。四年前当她斩获奥运金牌时，所有的聚光灯都聚焦于她，但此时她又重新成为了普通人。辉煌过后掉入谷底总是更加难熬，巨大的心理落差让人更感孤单，也更渴望成功。在迷茫、孤单中，她告诉自己更要守着信念，坚信自己有一双隐形的翅膀带她飞越困境，重新实现梦想。

何时才能再创辉煌？在那段日子她不止一次问过自己。但同时她也更明白，只有让心静下来，才能让发挥回到正轨。那就做一只蜗牛吧。就像《蜗牛》中唱的那样，"小小的天 有大大的梦想/重重的壳裹着轻轻的仰望/我要一步一步往上爬/在最高点乘着叶片往前飞……"回归谦卑与踏实，她每天只求进步一点点，放慢脚步只愿走得更稳健。

经过两年休整，2006年多哈亚运会上，陶璐娜以391环的成绩打破亚洲纪录，摘得金牌。"对我来说，这块金牌比2000年那块奥运金牌更珍贵。"

陶璐娜说：金牌有三重含义。第一重是名次上的冠军；第二重是金牌的含金量，例如刘翔的那块110米栏奥运金牌含金量更高，因为它书写了亚洲田径的新历史；第三重是能体现意志品质的金牌。就像这块，是她从谷底重新爬起来，战胜自我的奖赏，看到它就会感到浑身充满力量与自信。

职业生涯的起起落落也令她重新审视失败。1999年世界杯，她在资格赛中打出了390环的好成绩，和队友任洁并列第一。下午决赛她第一环打出了100.5环，任洁则发挥更出色打出了103.5环……"打出了那样的高环数还是屈居第二。"比赛结束后，她的心情差极了，甚至此后多年她一直耿耿于怀。然而，现在回头看，她发现自己错了：虽然输了比赛，但是这块银牌拥有金牌的质地。在高水平的较量中，只要打出自己的水准，即使输了，也依然应该认可自己的努力和成绩。她释然了。

青少年体育事业是另一个"赛场"

如果赛场上的成功用奖牌来衡量，那么人生的成功又该用什么来衡量呢？

人生的成功应该有一个更大的目标，不是仅满足于小康生活，而是尽自己所能帮助更多的人。

宝贝跟妈妈一起来，在运动中成长吧！

也许是当了妈妈的缘故吧，依然从事体育工作的陶璐娜把目光投向了青少年体育事业："现在的孩子，运动时间和睡眠时间都太少了。"陶璐娜问过很多孩子，他们平日上课、做作业，到了周末还要上各种补习班。"从一名母亲的角度出发，孩子的健康是我关注的头等大事。孩子如果没有足够时间去玩去锻炼的话，那么体质乃至健康令人担忧。"在她看来，运动是锻炼孩子体魄，展现孩子天性的极好方式，在家里，只要一有空她就会带儿子去锻炼。

有时，和儿子走在路上，她会即兴提议来场10米或20米的冲刺比赛，而且在比赛时绝不让他，在运动中教会孩子对成败要拿得起放得下。只要有空，她就会带儿子去游乐场、滑滑梯，因为玩得满头大汗也是一种运动。去嘉里中心玩75度角的魔鬼滑梯，看到又长又陡的滑梯，就连大人也会害怕，但是为了给儿子鼓劲，她陪着一起上，在运动中教会孩子勇敢。她想着要让孩子去学跆拳道、游泳、围棋。"跆拳道能教会人尊重与礼仪，游泳能让身体变得更柔软，围棋能教会人做事要从长远着想。还有足球、篮球要讲求配合，能培养人的团队协作精神；跑马拉松则锻炼意志，促使人勇于突破极限；帆船则需要人在茫茫大海上战胜恐惧；击剑和对手过招的过程中锻炼人的判断力和反应力；无人机需要手眼协调能力；车模、船模不仅属于智力运动，也磨炼人的定力和专注力……"虽然不是人人都能成为冠军，但是每个人都能沉浸其中感受到体育运动的精髓——运动能带来精神上的收获，尤其对孩子来说，体育活动更能塑造、培养他们良好的品格和素养。

因此，她感受到了一份作为体育人的使命感：唤醒更多人的觉悟，发现青少年体育的价值，并参与到青少年体育推广事业中来，让体育真正成为青少年生活中必不可少的一部分。幸运的是，退役后她在体育局的青少处实实在在地接触到了这份工作。劳伦斯足球校园行、优秀运动员进校园、市运会小达人小铁人比赛……通过参与组织这些活动，她让孩子们对体育精神有了更深入的了解与体会。劳伦斯足球校园行是她参与的第一个项目。要做好活动项目就要有集导演与制片人于一身的本领。导演负责把戏导得出彩，而制片人则需要协调好各方人员与资源，保证导演的工作顺利完成。外方的想法、学生的安全、学校的场地、赞助商的参与……将一群各有想法、素不相识的人组织到一起，共同完成这项综合活动实在是一项不小的挑战。就拿搭台这个细节来说，预算、安全都要考虑到，由于搭的是10公分高的台，还需要黄浦区出具相应的质量安全审查报告。"几小时的精彩背后，是众多部门的协调'作战'。这就像奥运选手的成功不仅靠专业好，还得需要战术、技术、临场发挥等综合素质的配合；要做好一场活动对人的综合能力是一种考验。"这其中，有挑战，也会遇到各种困难，但她不怕。她相信没有解决不了的问题。就像她每一次站在失败面前那样，用更强的承受力与坚毅回应挑战，她深信即使看不到回报，只要坚持过了最难熬的时期，成功就在不远处。这是射击比赛教她领悟的东西，现在她也要以此回馈于这份事业。

　　这一次，没有奖牌，但会有更大的成就感。

朋友眼中的陶璐娜

汤维维（剧院式演讲平台造就CEO、福布斯中文网前主编）

问：你是在怎样的机缘下和陶璐娜相识的？第一印象是什么？

答：有一次朋友聚会喝茶，她在，我也在。那次我们很放松，天南地北聊了很多。虽然是闲聊，但言谈中看得出她是个很有主见、观点鲜明而直接的人，所以我们谈得很投机。

问：在你眼里，她是个怎样的人？

答：坚定，能十年如一日坚持射击训练足以证明这一点吧。她很聪明，也很明快爽朗讲义气。有一次，我们邀请她在剧院里参加演讲活动。面对上千人的场子，第一个发言的小伙子看着底下黑漆漆的人，紧张得开不了口了。于是，我们和原本定在压轴演讲的陶璐娜商量，能否顶上去。从压轴到第一个，心理压力肯定很大，更何况这也是她的第一次公众演讲，我相信那时她心里也紧张。但是她毫不犹豫地同意了，而且上台后的表现出乎意料得好，这场漂亮的头阵让后续的演讲格外顺利。在危急时刻挺身而出，够义气；在关键时能撑得住场面，又给我额外的惊喜。

梁顺龙（观察者网副总经理）

问：你是在怎样的机缘下和陶璐娜相识的？第一印象是什么？

答：在2009年，我在上海科学院做《社会观察》杂志时，经朋友介绍在社区公共事务的工作中认识了热心公益的陶璐娜。精神、干练是我对她的第一印象。

问：在你眼里，她是个怎样的人？

答：坚定、义气、热心。我们是在公益事业中相互了解，成为朋友的。去年，我们一起参与同舟杯公益足球邀请赛的组织，当时共有16支球队参赛，吸引了赞助商的加入。赞助商给比赛带来资金是好事，但是比赛的公益性质是否因此变质，这是最令人担心的事。然而，每次与赞助商谈判时，陶璐娜总是格外较真，一遍遍强调这次比赛性质是纯公益，在她一次次的坚持中，赞助方被感染了，放弃了原先的商业考量，主动向公益倾斜。她的执着与认真让我印象深刻。

关于
双城

问：对巴塞罗那有什么印象？

答：热情！记得在巴塞罗那比赛时，住宿地附近可观看斗牛舞。它让人印象深刻，很有魅力。西班牙人也很热情，我认识一个西班牙教练，满脸络腮胡子，每次见到我，总是很远就挥手打招呼"Luna"，然后左面亲三下，右面亲三下。但他们在比赛时很专注，我记得有一位女子手枪运动员，比赛时脸绷得紧紧的，非常严肃，她打得很好，那次进了前八。还有就是我觉得西班牙话有很多卷舌音，听起来很舒服。

问：上海是你的故乡，如果用三个词来形容上海，你会选哪些词？

答：第一个是严谨，上海人做事总会考虑方方面面，讲规矩，很方正；第二个是时尚；还有就是上海人总能以开放的心态来面对新的事物，所以第三个词是创新。站得高看得远，在上海这样的平台上，让人更有创新、寻求突破争当世界领先的意识。

问：如果有机会，你希望为两座城市建立怎样的联系？

答：中日韩已经开展了射击射箭的交流活动，我希望上海和巴塞罗那也有这方面的交流。在交流中学习他们精华的东西。每个城市都有它的特色和城市精神，通过这方面的交流，能更深入地相互了解吧。

结束语

勤奋的人都是相似的。懒惰的人各有各的不同。

人性中共有的那些不良习惯：惰性、娇气、恐惧、自私……其实无差别地对所有的人都产生作用。就好像一股地心引力，总能把人拉回地面不能动弹。但体育运动，却总有这么一股魔力，能帮助人们时不时跳一跳、再跳一跳，跳得高一些、再远一些——人们得以暂时离开地心引力的约束，去触摸更广阔的地方。

运动员，就是这些能跳一跳的人。而女性运动员，就是女性中能有意识克服自己弱点、不断挑战自我的人。

不论中外，我们都多多少少受到这样的文化制约："女人做得好，不如嫁得好""这些事是男孩做的，女孩想也不要想""女人就是不如男人""女人就应该相夫教子，围着锅碗瓢盆转""好女孩安分守己"。这些话语里，有些是善意的，但不乏贬义；有些来自那些天然轻视女人的人，有些来自那些真诚地试图保护女性的人。甚至我们最信任的其他女性，比如自己的妈妈或者前辈和老师，也会认同这样的论调，并以此教育更年轻的女人"要乖巧听话""要依附他人"。

但无一例外，这些话在两性之间，是人为制造差异和不平等，而无视追求"更高更快更强"其实是人的本性，无关性别。

纵观这些女性运动员的经历，倾听她们的心路历程，让我们充满力量和勇气。因为有人能冲破这些观念的桎梏，探索人生的各种可能性。她们不仅这么认为，还已经这么做了——不论是在传统意义上男性主导的体育赛事项目中占据一席之地，还是在奥林匹克国际舞台上熠熠生辉，或者是在培育体育后辈和召唤更多女性投身体育项目中发光发热，这些女运动员，是我们女性的骄傲，更是人类共同的财富。

我们不去细数她们为自己的成绩付出的汗水和辛劳，不去评述她们克服的常人难以想象的压力和困难。我们今天在这里阅读她们的故事，比照她们的经历，就明白了不论在中国还是西班牙，人群里总有人是旗手，她们将我们心底深处最渴望的想法已经呼喊出来了，那就是任何一个人，都有想要发挥自己最大能力的愿望和自由。

她们展现了人类突破极限的欲望和推动进步的本能。

特别鸣谢：

吴毓雯　宇善梅　汤　炜
米洛斯・格拉斯　迈特・帕洛米诺　安娜・塞加拉　艾莎・法衣格
任美霏　玛丽亚・黛西多　玛丽亚・弗雷利亚　宁斯文

中国上海：
上海市人民政府外事办公室
上海市体育局
《现代家庭》杂志社
中国西班牙商会上海分会
中欧国际工商学院
西班牙驻沪总领馆
影响力工场
高迪博物馆（嘉定）

西班牙巴塞罗那：
巴塞罗那—上海女性桥
巴塞罗那市政府妇女理事会
亚洲之家
知华讲堂
国际女企业家基金会
埃德尔米拉・卡尔维托足球俱乐部
巴塞罗那足球俱乐部女队
巴塞罗那大学
巴塞罗那市体育委员会

Vínculo entre dos ciudades extraordinarias

Shanghái, ubicada en la costa del Mar Oriental de China, con su cultura antigua y su espíritu innovador, se ha ganado el nombre de *Mo Du* (Ciudad Mágica).

Las mujeres shanghainesas, vanguardistas y modernas, ponen igual énfasis en la familia que en la carrera profesional, dando un lustre extra a la belleza oriental. En esta ciudad donde las carreteras se entrecruzan, en los callejones más profundos y dentro de sus típicas shikumen, casas de piedra, las shanghainesas no solo conservan la gracia de su ternura, sino que también heredan ingenio y habilidad. Las heroínas deportivas que han crecido en estas casas de piedra muestran una capacidad al mismo nivel que sus colegas masculinos. Tanto Sun Wen, que corría por el campo de fútbol, Cao Yanhua, que competía en el mundo de pingpong, Tao Luna, que ganó el campeonato de tiro, como Le Jingyi, que logró varias medallas de oro en natación, y Zhong Weiping, que maneja su arma con toda destreza en la arena de espalda, todas ellas no solo tienen la típica bondad de las mujeres shanghainesas, sino que también disponen de la personalidad tenaz de las mujeres orientales para luchar contra todo desafío. Todas estas deportistas son excelentes representantes de las mujeres shanghainesas y han logrado la atención del mundo.

A través de los eventos deportivos, las atletas chinas han tenido la oportunidad de conocer la hermosa ciudad de Barcelona. Ubicada en la costa mediterránea, la ciudad les atrae por su arquitectura y diseño, sus emocionantes fiestas populares, el fútbol por el cual los barceloneses están tan satisfechos, y su gran hospitalidad.

Y en cuanto a Shanghái, el Templo taoísta, la magnífica Perla del Oriente, la renombrada calle Nanjing, Tianzifang y los deliciosos bocadillos resultan muy exóticos a las deportistas de Barcelona Marta Unzué y Erika Villaécija.

Este libro retrata de forma viva las dificultades que las deportistas de Shanghái y Barcelona han tenido que vencer para ganar las competiciones y la bella impresión de las dos ciudades. Al leer este libro, conocerán el mundo interior de esas deportistas y oirán la voz que comparten entre todas ellas.

Las ciudades modernas se hacen más atractivas debido a las mujeres, y las ciudades hermosas se hacen mejores con intercambios y cooperación. En la nueva era llena de esperanza, este enlace que conecta Shanghái y Barcelona llevará las aspiraciones de las mujeres de ambas ciudades hacia una vida plena con esfuerzos incansables para un futuro mejor.

Federación de Mujeres de Shanghái

Desvelando el valor silenciado: Historias de mujeres deportistas de Shanghái y Barcelona

La creación en 2009 de **Barcelona-Shanghai Women Bridge,** el "Puente de Mujeres de Barcelona-Shanghái" como una plataforma de mujeres profesionales dedicada a reflexionar sobre el arte de afrontar la vida con dignidad y creatividad nos ha llevado a hacer más visible nuestra aportación a la definición de la vida que queremos y para ello os ofrecemos la publicación de este libro que refleja la visión que tenemos de nuestras ciudades y que aportamos cada una de nosotras a la definición de sus valores.

El propósito de este libro es reflejar la visión de **mujeres deportistas de élite**, como ejemplo de profesionales que aportan un gran valor a la sociedad y vincularlas al proyecto **Barcelona-Shanghai Women Bridge**, a través de su definición del significado de las cuatro palabras que definen el proyecto, y de una palabra escogida por cada una de ellas como motor y expresión de su propia experiencia vital.

En este momento de cambio de siglo y de milenio, de transformación profunda del liderazgo mundial, esta obra pretende expresar la emergencia del poder femenino y resaltar su paralelismo con la evolución de las redes de ciudades como unidades básicas en la organización local-global del siglo XXI.

Dignidad y Creatividad son dos cualidades que las mujeres como seres humanos tenemos de manera innata, pero que muchas veces olvidamos que tenemos. El diálogo con estas deportistas de élite nos transporta al viaje interior de reencuentro con el arte de afrontar la vida con dignidad y creatividad.

Queremos hacer oír la voz a menudo silenciada de estas dos realidades conectadas con alma femenina que son las ciudades y las mujeres. Cuando hablamos de feminidad no lo hacemos a partir de la confrontación, es decir, si es femenino no puede ser masculino, si es hombre no puede ser mujer, sino del concepto oriental de la unión de contrarios del Yin y el Yang.

El poder femenino quiere ser, no poseer, por ello nuestras herramientas son el diálogo, el intercambio y la confianza entre culturas en búsqueda de un bien común para todas las personas.

Mercè Carreras-Solanas
Barcelona-Shanghai Women Bridge

Sun Wen, nacida en el año 1973, es una futbolista de reconocimiento mundial. El esfuerzo de Sun Wen y sus compañeras llevó al equipo de China a la gran final y a la medalla de plata en los Juegos Olímpicos de Atlanta del año 1996. En la Tercera Copa Mundial Femenina de 1999, consiguió siete goles y ganó la Bota de Oro y finalmente le otorgaron el Balón de Oro.

En China, Sun Wen es considerada una *Rosa Acerada* querida y admirada por todos, en España, Marta Unzué Urdániz también es una flor vigorosa.

Marta, nacida en 1988, fue la capitana del FC Barcelona, una centrocampista defensiva que ocasionalmente juega en la posición de extrema derecha del equipo en La Liga, y también ha participado en La Liga de Campeones Femenina de la UEFA.

Ambas han disfrutado del placer de ganar y también han experimentado la frustración de no llegar al nivel de los futbolistas masculinos. Entre altibajos, se han hecho más fuertes y valientes, lo cual también es el aliciente de los deportes, que ofrece el coraje de enfrentar todos los éxitos y fracasos y lograr una vida llena de retos y satisfacciones.

Sun Wen:
Me fascina vivir plenamente

Autora / Wang Weizhen

Sun Wen, futbolista de fama mundial, en los Juegos Olímpicos en Atlanta de 1996, junto con sus compañeras, se esforzó por lograr el subcampeonato para el equipo chino. En la Tercera Copa Mundial de Fútbol Femenino de 1999, se proclamó como la mejor delantera y la mejor jugadora con sus siete goles maravillosos. En este campeonato, el equipo chino ocupó el segundo lugar. En los Juegos Olímpicos de Sydney, se la consideró la mejor delantera; en diciembre de 2000, junto con la famosa futbolista Michelle Akers, logró el título de Jugadora de Fútbol de la FIFA del Siglo, otorgado por la Federación Internacional de Fútbol. En agosto de 2019, Sun Wen fue elegida como vicepresidenta de la Asociación de Fútbol de China.

Algunas personas maduran con el reconocimiento. En la escuela deportiva, la voz del entrenador sembró la semilla de la confianza en Sun Wen; cuando entró en el equipo nacional, la aprobación de sus compañeras y de los futbolistas le hicieron sentir los éxitos y la felicidad de la vida profesional; ahora, ya no le importan las voces alrededor sino el auto-reconocimiento.

El momento de patito feo

A los ojos de mucha gente, su don es misterioso e intocable. En realidad, no hace falta buscarlo, su don le hace amar y conducir su carrera.

Ella dice: si amas una cosa de todo corazón, te motiva a dedicar tu tiempo y energía a ella sin importar el resultado, y te esfuerzas por hacerla, así encontrarás tu don.

Para ella, el fútbol es donde está su talento.

En la escuela primaria, Sun Wen siempre vestía blusa blanca, pantalones de color caqui, zapatos deportivos blancos de la marca *Fei Yue*, y organizaba los partidos de fútbol cuando acababan las clases con sus amigos. Los pasillos estrechos servían de campo para el partido, las paredes del fondo servían de porterías, los papeles convertidos en bolas servían de pelotas de fútbol, las bolas de papel en la pared eran los goles. Aunque el campo fuera tan pequeño, y cada "partido" sólo durara 10 minutos, gozaba de la alegría de jugar al fútbol. Tal vez conmovido por la concentración en este deporte, o por la alegría de conseguir goles, su maestro encargado de clase que lo veía todo, la animó a participar en los Juegos de los Alumnos de la Escuela Primaria.

En la eliminatoria, sólo participaron dos equipos de fútbol femenino. Su equipo ganó y así pudo asistir a los partidos municipales. Para lograr buenos resultados, el técnico entrenaba a las alumnas del equipo de fútbol femenino cada semana, y cuando terminaban los entrenamientos, cada niña era premiada con una "copa de malta" y dos galletas, que eran subsidios alimenticios del distrito. En esa época difícil, un chocolate habría causado envidias entre los alumnos. Disfrutar de la malta dulce y las galletas ricas era el momento más feliz para estas niñas. Y este premio pequeño convirtió los entrenamientos duros en una fantasía, hasta ahora, Sun Wen recuerda muy bien esta anécdota.

Sin embargo, las competiciones municipales no eran tan fáciles como las del distrito. Muchos jugadores habían recibido entrenamientos profesionales. En el primer partido, perdieron rotundamente y solo lograron el penúltimo lugar, la última posición fue un equipo que no se presentó. Al final de ese partido, se deshizo el equipo, pero para Sun Wen el sueño de fútbol empezó allí, los entrenamientos le dejaron un recuerdo fantástico del fútbol y le dieron muchas ganas de conocer ese deporte más de cerca.

Por eso, cuando terminó la escuela primaria, su entrenador le dijo: si te gusta tanto el deporte, ¿por qué no vas a la Escuela Deportiva? Y ella lo valoró seriamente con buena intención.

El maestro le dio un consejo: inscríbete a levantamiento de pesas, que hay pocos que quieran apuntarse y te será fácil lograr la gloria. Ella contestó: "No, me inscribiré a fútbol, porque me gusta." Cuando volvió a casa, explicó la decisión a sus padres, sin embargo, sus padres no estuvieron de acuerdo: "Son duros los entrenamiento y bajas las posibilidades de éxito. No vayas a jugar a fútbol." No les escuchó e insistió en ir. Su padre, quién también se interesaba en ver los partidos de fútbol, cedió y la acompañó a participar a los exámenes de la Escuela Deportiva. Aquel día había más de cien personas que participaron en el examen, pero sólo admitieron a seis.

Por primera vez, Sun Wen descubrió que había muchas chicas que tenían su misma afición por el fútbol. En el examen, aunque no jugaba con buena técnica, siempre consiguió oportunidades para marcar a gol milagrosamente y además, aprendió rápido la técnica que le enseñaron los jugadores experimentados. Llamó la atención de los entrenadores con su talento y afortunadamente fue admitida.

Sun Wen entró con mucha satisfacción en la Escuela Deportiva Municipal. Se emocionó al pensar que recibiría entrenamientos junto a jugadores que anteriormente, en los partidos, la habían ganado con gran ventaja de muchos goles.

Sin embargo, en los años iniciales, parecía como un patito feo.

En aquel entonces, la escuela ponía mucha atención en las habilidades básicas y eran populares las prácticas duras al estilo ruso. En esos entrenamientos básicos, no sobresalía. Le costaba mucho correr los dos mil metros de resistencia dando cinco vueltas por el patio de recreo. Una vez, corrió tres kilómetros y finalizó el último tramo llorando. Le costó tanto porque recibió estos entrenamientos relativamente tarde, y su técnica y manera "poco profesional" de jugar, con la que se había formado antes de entrar en la Escuela Deportiva, hizo que se burlaran de ella.

Pero el entrenador descubrió el talento de ese patito feo para ser un bello cisne.

Un día, el entrenador dijo a los alumnos: "No se burlen de ella, porque quien ríe último ríe mejor." El motivo por el que el entrenador la apreciaba era precisamente, su manera "poco profesional" de jugar, al recibir más tarde entrenamientos profesionales, su creatividad se mantuvo cuando jugaba con sus compañeras, su forma de jugar era más flexible, y así logró más oportunidades de hacer goles. Los defectos a los ojos de otros se convirtieron en una benedicción.

El entrenador le dijo eso un día, lo recuerda muy bien. Las palabras la influyeron profundamente. El reconocimiento del entrenador era como una luz cálida, que sembró las semillas de autoconfianza en su corazón.

Lograr el reconocimiento con la técnica más hábil

Sucedió lo que anticipó el entrenador y en 1989, Sun Wen fue seleccionada para el equipo de Shanghái. Tenía 16 años, una edad de mucho entusiasmo pero al mismo tiempo de cierta confusión. Cuando entró en el equipo, descubrió que todo era diferente que imaginaba: Las jugadoras experimentadas recibían entrenamientos menos intensos. ¿Un equipo podía lograr éxitos? No veía la manera de avanzar y quería dejar el fútbol para volver a la escuela, esta idea le hizo sentirse sola.

"No tiene sentido quedarme aquí, quiero volver a la escuela a estudiar." les dijo a sus padres por teléfono.

"¿No tiene sentido? ¿Cómo puede ser posible?" Sus padres acudieron enseguida, "si lo has elegido, insiste en tu elección y esfuérzate. ¿Cómo lo puedes dejar tan fácilmente? " Antes, su madre estaba en contra de su decisión de ir a la escuela deportiva, pero esta vez, también estaba en contra de su decisión de dejarlo. Debido a la oposición de sus padres, siguió comprometida con el en el fútbol, aunque no quería. "En aquel entonces, me quejé de la poca comprensión de mis padres, ahora admito que ellos fueron más sensatos que yo. Ahora cuando miro atrás, veo que, gracias a la persistencia de mis padres, aunque dudé, la fe y amor por el fútbol me ayudaron a lograr los éxitos. "

El tiempo transcurrió y llegó el año 1993, en el que las jugadoras experimentadas tenían que retirarse. Querían ganar los últimos partidos, para tener un exitoso final en su carrera profesional. Sin embargo, sin espíritu de equipo ni concentración, la fortuna no llegaba, a pesar de los esfuerzos durante los 90 minutos de partido no lograron la victoria. El último día an-

Sun Wen participó en la Conferencia Anual de la FIFA en 2016.

tes de retirarse, las jugadoras más experimentadas se abrazaron y lloraron muy tristes. Sun Wen las contemplaba y dijo: "A pesar de tantos esfuerzos, todo ha resultado en vano, la culpa es nuestra, nuestra mayor enemiga somos nosotras mismas. Cuando sea jugadora profesional, mantendré la justicia en el equipo, no me retiraré llorando y con tristeza como ellas."

¿Cómo se puede jugar bien y ganar? El fútbol es un deporte de equipo, aunque una jugadora sobresaliente puede ganar un partido y ser el alma del equipo, es solo el equipo unido el que puede alcanzar el triunfo final.

En el campo, las jugadoras se comunican con los pies y seleccionan a su líder según su comportamiento. En el equipo, Sun Wen hablaba poco, no tenía las condiciones físicas ni técnicas mejores, pero podía asumir la presión. Cuando se encontraban con equipos fuertes, sabía muy bien con-

La camiseta y las zapatillas que usó Sun Wen durante la Copa Mundial de 1999, que actualmente están coleccionadas en el Museo de la Federación de Fútbol.

trolar el partido, su buen ataque y transmisión del fútbol siempre animaba al equipo; cuando se encontraban con equipos débiles, si no lograban ningún gol en la primera parte, el equipo se impacientaba, en este momento, siempre llegaba el momento de un gol para animarlas. Así, logró el reconocimiento de todas como capitana.

Aparece en la prensa como "Rosa Firme". A sus ojos, la lucha tenaz es la cualidad profesional de los deportistas. Tiene confianza en sí misma y se siente orgullosa de su creatividad en los momentos claves en el campo de juego.

Algarve, en Portugal, tiene un clima agradable. Cada año en marzo, cuando llega a la primavera, los equipos de europeos organizan los "Partidos de la copa de Algarve". Estas competiciones son muy importantes, ya que pertenecen a la Federación Internacional de Fútbol (FIFA) y se consideran como una "pequeña Copa Mundial".

En los partidos de Algarve, sólo hay cien o doscientos espectadores, pero todos son deportistas profesionales. En un partido con el equipo estadounidense, el equipo de Sun Wen jugaba muy bien. En los últimos minutos del partido, el entrenador hizo entrar a Sun Wen por un cambio de táctica, y llegaron los aplausos del público. En la Copa Mundial, los aplausos son por afición, pero aquí, los aplausos representaban el reconocimiento de los propios futbolistas , por su capacidad y creatividad en la lucha contra las fuertes oponentes. En aquel momento, se sintió muy feliz, y orgullosa uno de los mejores partidos de su carrera profesional.

El reconocimiento del esfuerzo es lo más importante

"Deseo encontrar una motivación similar a la del fútbol, donde 'una vez me vaya', se me olviden todos los problemas. " Después de retirarse, Sun Wen probó muchos trabajos distintos, periodista, gestión comercial, comercio exterior, administradora, entrenadora ... Entre los cuales, todo lo relacionado con fútbol es lo que más le gusta.

En septiembre de 2010, Su Wen trabajó como entrenadora del equipo femenino de fútbol. Ser futbolista o entrenadora son dos papeles totalmente diferentes. "Si miramos el equipo de fútbol como una empresa, el entrenador es el jefe, y los compañeros son los colegas. "Es un gran cambio de empleado a jefe. Cuando era deportista, sólo me hacía falta cuidar de mí misma, pero cuando trabajaba como entrenadora, tenía que cuidar de decenas de personas. ¿Cómo organizar entrenamientos técnicos y mejorar el método de las futbolistas? ¿En el campo, cómo definir la táctica, y

Sun Wen participó en la Conferencia Mundial de U–17 en 2016, y posteriormente sorteó como invitada para la Copa Mundial U–20.

colocar a cada persona en el puesto más adecuado? ¿Cómo hacer bien la definición del equipo y unirlas a todas?...

Hay muchos tipos de entrenadores, el diplómatico, el autoritario, etc. No existe un modelo perfecto de entrenamiento sino el que más conviene en cada caso. Según el carácter de Sun Wen, basado en su análisis, su forma ideal de ser entrenadora es poseer un liderazgo discreto, no entrenar a las deportistas con una actitud dura, ni hablar constantemente, sólo hace falta respeto y unión. Tal y como decía un entrenador francés "estar unidas", si lo hacían, la suerte llegaría, pero la realidad no era así.

Cada deportista tiene su propio carácter, a unos conviene animarlos, a otros conviene criticarlos para que avancen, algunos son muy sensibles y no pueden soportar la crítica más ligera ... El reto era conocer los caracteres de cada una y usar diferentes tácticas. Aprendió a estimular a las futbolistas de una forma indirecta cuando no jugaban bien, por ejemplo, comentaba: "Hace poco, cuando charlé con un entrenador de un equipo de otra provincia, me dijo que creía que el equipo de Shanghái ya no era tan potente. " Varió las definiciones y las formas de administración según la realidad, ella iba avanzando en su carrera de entrenadora. El primer año bajo su liderazgo, su equipo logró ser campeón de liga y otros campeonatos.

En los equipos de deportistas senior, las capacidades técnicas y físicas, las velocidades y las habilidades generalmente ya están fijadas, lo que un entrenador puede hacer consiste en definir y ajustar las posiciones de los jugadores en el campo, o reconstruir su mentalidad en los entrenamientos para que sean más estable, fuertes y desplieguen mejor la capacidad de juego del equipo. Es decir, el entrenador que lidera a un equipo de adultos es equivalente a un general que lidera a una tropa; mientras que entrenar a un equipo juvenil es más bien diseñar este trabajo que la atrae más, porque las niñas tienen más posibilidades en las capacidades físicas y técnicas. Nos reveló que su siguiente trabajo tendría algo que ver con el fútbol juvenil.

Un terreno totalmente nuevo, no tenía ningún miedo: "No hay fracaso si te mantienes aprendiendo y avanzando, el verdadero fracaso es dejar de aprender y avanzar. "

Empezaba una nueva reflexión: ¿Cómo seleccionar a las candidatas? ¿Como enseñar a las niñas a desarrollar mejor su potencial? En comparación con tiempos anteriores, ahora hay más distracciones y tentaciones para ellas. ¿Cómo hacerlas concentrar en los entrenamientos? La forma militar de hacer los ejercicios parece que ya ha pasado de moda. ¿Cómo realizar entrenamientos más técnicos y razonables para conseguir más éxitos en menos tiempo? Recordó que cuando estaba en la escuela, su maestro de química les enseñó a recitar la tabla periódica de los elementos químicos en Shanghainés, así le salió más fácil y lo aprendió de memoria muy bien; su maestro de física siempre le enseñaba cosas ajenas a su campo de conocimiento, por ejemplo, le enseño la palabra "news", dijo que era la combinación de la primera letra de las cuatro palabras: "north", "east", "west", "south", así los alumnos aprendieron las cinco palabras. Un buen entrenador no sólo debe conocer la técnica, sino también debe saber métodos de enseñanza que faciliten el aprendizaje de los alumnos, algunos niños aprenden rápido con acciones mientras otros con explicaciones, cada uno tiene su propia forma de aprender, un buen entrenador tiene que descubrir las formas más adecuadas y ayudarles a dominar la técnica.

Desplegar el espíritu profesional sin olvidar la voluntad original y

Sun Wen participó en una conferencia organizada por el Comité de Fútbol de China.

concentrarse en hacer las cosas bien, es la definición de éxito para Sun Wen. "Cuando trabajaba como entrenadora, siempre les decía a las jugadoras que no les importara tanto la gloria y que saber agradecer era más importante. Cuando los demás dicen que es bueno, no siempre lo es; y cuando dicen que es malo, no lo es tampoco. Hacer esfuerzos para hacer las cosas bien y reconocer el resultado de los esfuerzos, eso es lo que cuenta. "

Sobre
las Dos
Ciudades

P: ¿Ha ido a Barcelona? ¿Qué impresión tiene?

C: Sólo me quedé en Barcelona una noche, no me dio tiempo a dar una vuelta por la ciudad. Sé que los entrenamientos juveniles allí son muy buenos. Cuando escucho canciones latinas, me provocan una sensación muy agradable. A través de la música puedo experimentar el entusiasmo de la gente allí.

P: ¿Si eligieras palabras para hacer una metáfora de Shanghái, cuáles usarías?

C: Shanghái posee una rica cultura y la gente puede gozar de una vida delicada. He recorrido muchos lugares, pero el que me gusta más es Shanghái. Me gusta la intensa vida metropolitana, resulta difícil tranquilizarse, siempre hay algo apasionante, que te da ganas de hacer algo, es un lugar apropiado para desarrollarte. Tal vez porque es mi ciudad natal, cuando camino por la calle y veo las tiendas tradicionales, escucho los saludos de las Shaghainesas mayores en idioma local, subo a un taxi y oigo la pregunta del taxista en Shanghainés: "¿Adónde va? "Siento mucho cariño. Por texto, aquí me siento con una sensación muy agradable.

P: Si tienes la oportunidad, ¿Qué vas a hacer para establecer el puente de amistad entre Barcelona y Shanghái?

C: Barcelona tiene cultura futbolística muy rica, la Escuela de Fútbol de La Masía es uno de los lugares que más me gustaría conocer, ya que cuenta con equipos y futbolistas excelentes, desearía poder avanzar y establecer lazos sobre este asunto entre las dos ciudades.

Posee FC Barcelona los derechos de autor de todas las fotografías de Marta Unzué que se presentan en este libro, © FC Barcelona.

Marta Unzué Urdániz:
Confianza en una misma y transmitir confianza en las demás

Marta Unzué Urdániz (nacida el 4 de julio de 1988 en Berriozar, Navarra), capitana del Futbol Club Barcelona [1]. *Es una futbolista que juega como centrocampista defensiva y de vez en cuando, como lateral derecha en el FC Barcelona de la Primera División, con la que también ha jugado la UEFA Champions League Femenina.*

Unzué llegó a Barcelona en 2006, junto con su hermana gemela Elba. Desde niñas soñaban con fichar por el club de vida. Miraban por televisión los partidos de su "tío Juan Carlos" e incluso llegaron a coincidir con él en su etapa en el Osasuna. Ambas se formaron en el equipo de su población, Berriozar y de ahí pasaron al Osasuna hasta que en 2006, cuando tenían 18 años, recibieron la llamada del Barça. El equipo jugó mal y terminaron en descenso en su primera temporada. Elba dejó el club después de cuatro años, pero Marta permaneció y fue nombrada capitana después de la salida de Vicky Losada en 2015.

Unzué es licenciada en INEF (2010) y posee un Máster en Nutrición y Alimentación de 2014 de la Universidad de Barcelona. También tiene un certificado del nivel 2 como entrenadora. Le gusta viajar, conocer otras culturas, y otras gentes. La mayoría de sus amigas forman parte del entorno del fútbol y para ella su familia es lo primero, es su fuente de inspiración y de apoyo. El fútbol es su pasión y ahora dice estar viviendo un momento

---

[1] Marta fue prestada al Atlético Bilbao en julio de 2018. En abril de 2020, Marta anunció que dejaría FC Barcelona, dónde sirvió durante 14 años y se trasladaría permanentemente al Atlético Bilbao.

muy dulce, ha logrado uno de sus sueños, jugar en el equipo femenino profesional del Barça y aprecia sobretodo el buen ambiente entra las compañeras, todas son una cuando salen a jugar. Una de las palabras preferidas de Marta es "confianza" y por supuesto la otra es "fútbol". Sin duda es una luchadora, en el campo y fuera de él, en su vida, le gustaría disponer de más tiempo para enseñar a niñas a jugar a fútbol y que se convirtiesen como ella, en profesionales.

FC Barcelona

Primera División (4): 2011‒12, 2012‒13, 2013‒14, 2014‒15

Segunda División (1): 2007‒08.

Copa de la Reina de Fútbol (4): 2010‒11, 2012‒13, 2013‒14, 2016‒17

Copa Catalunya (7): 2009, 2010, 2011, 2012, 2014, 2015, 2016

Cuartos de final de la UEFA Champions League Femenina (2013‒14), (2015‒16)

Semifinales de la UEFA Champions League (2016‒17)

Historia de Marta

Comparte tus palabras clave.

P: ¿Qué palabra aparece en tu mente todas las mañanas?

C: Deporte, Fútbol, es mi vida, toda mi pasión.

Pero también, confianza, confiar en ti misma y transmitir esa confianza.

P: ¿Crees que es una palabra ligada al hecho de ser una mujer?

C: No necesariamente, aunque ahora hay muchas más mujeres que sienten que el futbol es su pasión.

P: ¿Qué significa Barcelona para ti?

C: Es mi segunda casa, me siento muy a gusto y tranquila.

P: ¿Cuál es la ciudad del mundo más inolvidable?

C: Mi visita a Roma fue muy inolvidable, lo pasé muy bien.

P: ¿Qué hizo que Roma en concreto, fuera tan atractiva?

C: Me gustó especialmente su cultura, su patrimonio artístico, los edificios,

A por la campeona

la gente y la comida. La gente de Roma me pareció gente muy alegre y simpática.

P: ¿Puedes encontrar la misma atracción en Barcelona?

C: Sí, porque son ciudades con climas parecidos, la gente también es muy amable y alegre y son ciudades con gran bagaje cultural, grandes obras artísticas y mucho movimiento. Y la comida que para mí es importante, es también muy similar.

P: ¿Qué te inspira de Barcelona?

C: Barcelona para mí es como un hogar, llevo muchos años aquí y lo que me inspira es tranquilidad ...

P: ¿Si se te pidiera que comparases Barcelona con un deporte, cuál sería?

C: Sin lugar a duda, el Fútbol, es casi el nombre de la ciudad porque como he jugado en el Barça, para mí está ligado a este deporte.

P: ¿Recomendarías a las mujeres del extranjero trabajar y continuar sus

La intercepción

carreras en Barcelona? ¿Por qué?

C: Sí, porque creo que es una ciudad en la que puedes tener de todo, tanto de trabajo como de hobbies, restaurantes, puedes disfrutar de muchas cosas en la ciudad, existe una amplia oferta de ocio y cultura.

P: ¿Tienen algún significado para ti (aunque fueras muy pequeña) los Juegos Olímpicos del 92 en Barcelona?

C: Yo era muy pequeña entonces, pero si es verdad que todo lo que he conocido en casa a través de mi familia, amigos o gente del deporte es que esta gran cita olímpica en Barcelona, fue un gran paso para la ciudad, en todos los sentidos, del deporte, de conocimiento de la ciudad a nivel internacional y de oportunidades para el deporte profesional de España. Y por supuesto una gran demostración de organización a través de los voluntarios olímpicos.

P: ¿Conoces Shanghái? ¿China? ¿Algún país oriental?

El dribling

C: No, pero me gustaría viajar a Shanghái, la cultura oriental siempre me ha atraído.

P: ¿Qué crees que te une a las mujeres atletas de Shanghái?

C: El trabajo, tener que trabajar duro todos los días y sacrificar muchas cosas para alcanzar tus sueños en el deporte. En general, el hecho de que no puedes hacer según qué cosas porque te debes a una disciplina deportiva y a una responsabilidad para con tu club y los objetivos que has marcado.

Opinión de una mujer fuerte

P: ¿Cuál es el significado de ser mujer en el Siglo XXI?

C: Seguir luchando por nuestros derechos, porque aunque estemos en el Siglo XXI, en algunas cosas estamos adelantados en otras aún no. A veces tengo la percepción de que se lucha por los derechos de las mujeres, pero de forma superficial "de boquilla" y no es suficiente lo que se hace. Las mujeres aún tenemos que alcanzar los mismos derechos que los hombres. En el fútbol, por ejemplo, se ve claramente, yo he pasado muchos años en Barcelona jugando y nosotras, las mujeres hemos tenido que jugar más duro para que se nos reconozca y se apueste por nosotras como equipo. En España el deporte rey es el fútbol, pero el fútbol masculino, los equipos femeninos están muy lejos aún de alcanzar un nivel de visibilidad y de protagonismo mediático, nosotras además sentimos mucho la presión de que si no ganamos partidos no ascendemos. Nosotras el equipo femenino del Barça somos profesionales porque hemos ido ganando partidos y clasificándonos, nos ha costado mucho, seguramente más que a los hombres, pero ahí estamos. Pero es verdad que hay cosas que ayudan, por ejemplo, tener un entrenador que crea en nuestro potencial y una junta directiva como la que hay ahora que nos apoye y apueste por el deporte femenino.

P: ¿Y en la vida?

C: Luchar por lo que crees sin que nada te detenga por el hecho de ser mujer.

P: ¿Sientes que las mujeres que conoces están interesadas en el deporte? No como espectadoras sino como practicantes y/o deportistas. ¿has percibido entusiasmo deportivo de las chicas cuando estabas en el instituto?

C: Sí, pero creo que a la gente en general le cuesta practicar el deporte, y no es un problema de ser mujer, en concreto. De mis compañeras de clase sí, al principio es raro ver a una chica practicar un deporte que es genuino de hombres, pero cuando ven cómo lo sientes tú, y lo bien que lo haces, se alegran y te animan. De hecho, algunas chicas jugaban en mi equipo y también jugábamos con chicos, así que no había problema, al final.

Una mujer del deporte que me ha inspirado y que ha sido balón de oro como Messi, es la jugadora del equipo femenino de Brasil, "Marta", el número 10.

P: El fútbol siempre ha estado dominado por los hombres. ¿Qué opinas de este tema?

C: Pues que es la realidad, lo tienen todo, más recursos, más visibilidad, mejores entrenadores, y más patrocinadores para seguir jugando. Pero creo que ahora el deporte femenino está comenzando a despertar y a ser más conocido, aunque falta mucho para llegar al nivel del fútbol masculino. Los equipos femeninos necesitarían más recursos para poder estar mejor preparadas para ganar e ir ascendiendo, más comunicación en medios para ser más visible y reconocidas y más apoyo de patrocinadores, de marcas que estén dispuestas a apoyar al deporte femenino.

P: ¿Comparado con los hombres, en qué son las mujeres futbolistas, diferentes de ellos? ¿Cuáles son las características de tus colegas mujeres?

C: Hay más técnica, menos agresividad, el juego es más estratega, hay mejor ambiente en el vestuario.

Buena compañía

Es indistinto, creo que hay jugadoras con mucha técnica igual que hombres, y a todos tanto a hombres como mujeres nos gustan jugar y tener la pelota todo el tiempo que sea posible, por tanto, ahí juega un papel importante la destreza, prepararse para adquirir técnica y salir siempre al campo a jugar. Sí, es quizás menos agresivo el juego en el deporte femenino, pero a las mujeres nos gusta tocar balón y cuando sales al campo eso es lo que quieres.

P: ¿Qué hacéis después de jugar, hay refresco y charla con las compañeras del equipo? ¿Y con las contrincantes, hay buen rollo?

C: Depende, para nosotras jugar es como trabajar, si salimos fuera a jugar sí que solemos salir a tomar algo juntas las del equipo, pero si jugamos en casa, como la mayoría luego se va con sus familiares, la verdad, no da mucho tiempo. Dentro del grupo sí que hay muy buen ambiente, en vestuario antes y después de jugar y durante el partido. Y con respecto a las contrincantes, lo que sí que hay es mucho respeto, creo que todas, aunque seamos adversarias, tenemos esa cultura de respeto y eso es muy bueno.

El enlace entre las dos ciudades

P: Si digo Barcelona – Shanghái, ¿qué te sugiere?

C: Ciudades grandes, tránsito irremediablemente ligado a la contaminación, culturas diferentes, pero que se pueden conectar y hermanar. Creo que son sociedades que pueden sentir curiosidad por la gente que vive en sus ciudades, conocer gente nueva que vive en ciudades con aspectos similares a los tuyos, también puede ser interesante o al revés, conocer una cultura diferente en términos de historia, costumbres y arquitectura.

P: ¿Cómo construirías un puente entre las dos ciudades?

C: Utilizaría una imagen simbólica de una obra arquitectónica para unir las dos ciudades y que esto representase el deseo de conocerse y de conectarse mutuamente para un intercambio cultural. El valor que

Entrenamiento

puede unir a personas muy diferentes puede ser también el aprendizaje, crear instrumentos para dar a conocer esas culturas distintas y que
seguro encuentran puntos en común.

P: ¿Cuál ha sido esa "idea" de puente en tu vida?

C: Al final hay que tener un sueño en la vida y el deporte para mí ha sido
ese puente para alcanzar poder jugar en el equipo que siempre que
soñado, el Barça. Así el deporte se ha convertido en esa idea puente.

Buen ejemplo a seguir para los jóvenes

P: Los deportes se cree que son importantes en la formación de la
personalidad y el carácter de las personas. ¿Dónde y cómo pueden
ayudar los deportes en la formación de la personalidad de la gente?
¿Se aprende a hacer red en otros temas a raíz de trabajar en equipo en
el deporte?

C: Sí que se aprende a hacer red, porque aprendes a convivir con personas que no tienen la misma cultura que tú, ni provienen de ciudades y/

o de tradiciones como las tuyas. Al ser culturas y realidades diferentes tú aprendes de ellas y ellas de ti. El fútbol te enseña a desarrollar habilidades como el trabajo en equipo, la estrategia, a estar en forma, a ser empática con las demás jugadoras y también a ser competitiva, pero con objetivos de equipo y creo que esté te puede ser muy útil, después en tus estudios o en tu trabajo fuera del fútbol, como en tu vida y relaciones personales.

P: ¿Quién ejerció la mayor influencia sobre ti? ¿Una mujer, tal vez?

C: Mis padres, los dos por igual. Mi padre tiene más carácter, es más de tomar decisiones y mi madre tiene un carácter más tranquilo, y creo que me he inspirado más en su forma de ser, más calmada.

No obstante, sí es cierto que un jugador que me ha inspirado mucho es Pep Guardiola. Creo que el modelo de juego de Johan Cruyff, ha sido inspirador también para muchos futbolistas, y en el fútbol femenino también, ese toque, toque, pase, pase y mover la pelota constantemente ha conectado con el estilo de juego en el campo que nos gusta a muchas mujeres que hacemos fútbol profesional. Creo que para el Barça ha sido una de las mejores cosas, su ideal futbolístico, ese toque de pelota que él fue desarrollando ha dejado huella en generaciones de jugadores.

P: ¿Cuál es el partido más memorable que recuerdas? ¿Estás de acuerdo con eso de que, hay que saber ganar tanto como saber perder?

C: Sí, estoy de acuerdo, es igual de importante saber ganar como saber perder. El partido más memorable que jugué fue el de la Copa de la Reina en el 2011 que además fue el primer gran título de mi carrera profesional. Fue todo emoción, mucha alegría y ver recompensado de alguna forma todo el trabajo hecho con gran sacrificio y dedicación. También el ascenso a las semifinales de la UEFA Women's Champions League este año.

P: ¿Qué sucede en ti cuando pierdes? ¿Cómo levantas el ánimo?

C: Cuando perdemos las jugadoras nos ponemos muy tristes. Es indistinto si se ha perdido porqué quizás alguna jugadora no haya estado muy fina, somos un equipo y hoy le puede pasar a ella, como mañana pasarte a ti, así que se asume como un tema de equipo. Y para levantar el ánimo, pues intentamos no pensar en ello, conjuntamente analizamos el partido y porqué se ha hecho mal y así aprendemos. Yo cuando perdemos lo que suelo hacer es aislarme, estar tranquila, distraerme sin pensar y al final necesitas tus horas para asimilarlo, y pasarlo cuanto antes porque hay que jugar más partidos ... y seguir adelante.

P: ¿Qué aprecias y atesoras más cuando convives y participas con tu equipo?

C: El buen ambiente, la solidaridad entre nosotras, cuando una tiene un mal día intentar ayudarla, el ser equipo en todos los sentidos.

P: ¿Cómo describirías tus relaciones con el equipo?

C: Muy buenas, somos compañeras y nos gusta jugar juntas. La mayoría de mis amigas están vinculadas al fútbol y algunas de ellas forman parte de mi equipo.

P: Como futbolista, ¿qué es lo más necesario para tener éxito en este deporte?

C: Cuando acabo un partido me gustaría que me preguntasen si he disfrutado jugando y si he aprendido algo. Para mí eso sería una buena definición de qué significa tener éxito, en concreto. Salir de un partido, ganar, por supuesto y haber aprendido algo.

P: ¿Quién es el primero en saber noticias de tu éxito? ¿Tu persona de máxima confianza?

C: Mi familia, tenemos un grupo de whatsapp y les hago un mensaje después de que me hayan visto jugar. Creo que ellos son mis mejores críticos, técnicamente hablando y también, mis fans más fieles y que me animan.

P: ¿Qué tipo de apoyo recibes de los miembros de tu familia en el desarrollo de tu carrera?

C: Siempre están ahí, conmigo, dándome ánimos. Mi familia es además a quién consulto muchos de los temas que me preocupan y son un gran apoyo.

P: ¿De dónde proviene tu espíritu competitivo? ¿Crees que está relacionado con cómo te educaron?

C: Creo que el espíritu competitivo me viene sobretodo de mi etapa como jugadora profesional, del hecho de salir a jugar para ganar.

P: ¿Quién ejerce mayor influencia sobre ti en tu vida, tu padre o madre?

C: Los dos, aunque quizás mi padre más porque es quien más me ha enseñado fútbol y con quien he pasado más horas hablando y viendo partidos. Su opinión tiene mucho peso para mi.

P: ¿Qué cualidades se necesitan para ser una buena futbolista psicológicamente y mentalmente? ¿Crees que estas cualidades son útiles en la planificación de tu vida?

C: En el mundo del fútbol, hay muchos altibajos, y creo que la principal cualidad que has de fortalecer es la confianza en ti misma. Y sí en la vida es importante también tener autoestima y confianza para poder llevar a cabo tus objetivos, tu proyecto de vida.

P: ¿Cómo defines el éxito?

C: Como una forma de alcanzar las metas que te pones. Es lo que comentaba antes de conseguir hacer realidad tu sueño. En cierto sentido, siento que ahora tengo éxito, porque estoy haciendo exactamente lo que deseaba, jugar en el equipo femenino del Barça de forma profesional, para mí esto es muy importante.

¿Quién dice que las mujeres son inferiores a los hombres? Y ¿quién dice que el fútbol no es para las mujeres?

P: ¿Qué influencia tiene la experiencia de ser una futbolista en tu personalidad y manera de manejar los asuntos? ¿Ejemplos?

C: En el fútbol aprendes muchas cosas que te son útiles para tu vida personal y profesional. Creo que una de esas cosas es saber lidiar con personas muy diferentes, de culturas y tradiciones como de carácter, el fútbol te enseña esto y te ayuda en tus otras relaciones.

P: Estás sujeta a altibajos como futbolista. ¿Cómo pasas de esos momentos de "crisis" más los malos a los grandes logros?

C: Afortunadamente, cuando tienes un bajón, no tienes mucho tiempo para pensar, porque al día siguiente tienes que ir a entrenar y seguir dando lo mejor de ti. No te queda más remedio que pensar en hacer las cosas bien y en superarte, ser consciente de dónde has fallado, corregirlo y que no vuelva a suceder.

P: ¿Conoces a Sun Wen? ¿Puesto que es una futbolista más veterana que tú, crees que puede ser un referente para ti?

C: La verdad es que no la conozco, pero creo que podemos compartir como jugadoras que somos de un deporte de equipo, la importancia de una buena relación con las compañeras y de saber dar juego.

REFERENCIAS:

Marta Unzué [https://en.wikipedia.org/wiki/Marta_Unzué].

Marta Unzue: "Sin resultados, no habrían apostado por nosotras" [https://elpais.com/deportes/2016/03/22/actualidad/1458674979_787113.html].

Marta Unzué: "Trabajamos para que el fútbol femenino sea un referente" [https://www.noticiasdenavarra.com/deportes/mas-deportes/2016/12/08/marta-unzue-futbol-femenino-sea/630390.html].

Entrevista Marta Unzué - Diario Fotofinish [https://www.youtube.com/watch?v=N21boSoPpJc].

La mayor bondad es como el agua. El agua que lleva el bote también se lo puede tragar, dicen los sabios chinos. Por lo tanto, las mujeres que saben sortear las olas merecen respeto.

Le Jingyi, nacida en 1975, fue medalla de oro de natación en 100 metros estilo libre de los Juegos Olímpicos de Atlanta del año 1996. Erika Villaécija García, nacida en 1984, fue medalla de oro de 800 metros estilo libre del Campeonato Mundial de Natación en Piscina Corta de 2010.

A pesar de la distancia, su identidad de nadadoras las conecta. Erika ha crecido con la leyenda de Le Jingyi, y Le se ha convertido en el ejemplo de Erika para seguir adelante. Actualmente Erika sigue entrenando para crear nuevos records, mientras que Le Jingyi se ha retirado para disfrutar de la vida, se ha convertido en madre. La natación se ha integrado en su vida y ha configurado su personalidad enseñándole su amor hacia la naturaleza.

Le Jingyi:
El deporte despierta mi valentía y la maternidad, mi ternura

Autora / Shen Yilun

Le Jingyi es una famosa ex-nadadora del equipo de natación de China. Nació en 1975 en Shanghái, vino al mundo con una constitución perfecta para nadar: hombros anchos, caderas estrechas, piernas largas y muy buena sintonía con el agua.

Entró en el Club de Deportivo de Shanghái para hacer natación en el año 1982, fue seleccionada para el equipo municipal de Shanghái en 1988 y se incorporó al equipo nacional en 1991.

En su carrera deportiva, ha logrado medallas de plata en de 50 metros estilo libre y la carrera de relevos de estilo libre de 4×100 en los Juegos Olímpicos de Barcelona de 1992; así como la medalla de oro de la natación libre de 100 metros con un tiempo de 54.50 segundos en los Juegos Olímpicos de Atlanta de 1996, con la cual batió el record de los Juegos Olímpicos y esta medalla de oro fue la única medalla de natación del equipo chino en esa edición de los Juegos Olímpicos.

¿Cómo se siente siendo la campeona de los Juegos Olímpicos?

"¿Cómo me siento? No lo sé. "Le Jingyi contestó sonriendo al oir la pregunta, reaccionó como si oyera una noticia en la tele que no tenía nada que ver con ella. Ha sido campeona de natación estilo libre de 100 metros batiendo el record en los Juegos Olímpicos de Atlanta de 1996.

Un momento después, esta ex-nadadora del equipo nacional de China

Le Jingyi, apegada al agua

agregó riendo: "En realidad, todo lo relacionado con la natación, sea alegre o triste, ha pasado ya." Y extendió las manos para crear la imagen de una distancia muy larga: "Ahora pienso poco en eso. Sin embargo, me intereso por esto y ..."Nos mostró un video del tiburón ballena en su móvil y vimos como ese coloso nadaba elegante en el mar azul, ¡qué impresionante! Era un video que ella había grabado cuando buceaba.

Aunque ya dejó de ser deportista y de pensar en las glorias y las penas de la piscina, lo experimentado en aquellos años ha sido una parte de la vida de Le Jingyi.

Para ella, nadar es como deslizarse por la palma de una mano suave, nadar en las corrientes todavía es su actividad favorita, que la hace sentir bien. Solo que ahora, ya no nada para obtener records, ni medallas, no nada para otros, ahora solo nada para sí misma.

Como si fuera la primera vez que salta a la piscina, goza de pura diversión en el agua como antes.

la rosa de Shanghái forece en la piscina mundial

Le Jingyi, típica shanghainesa, nacida y crecida en el callejón shikumen de Shanghái por eso aún le gustan más los callejones antiguos de Shanghái. Aunque ha probado la gastronomía de todo el mundo, lo que más le gusta son los cuatro "Jing Gang" de desayuno: las tortillas, los churros, las bolas de arroz, la leche de soja. Cuando era niña, estudiaba en la Escuela Primaria No.3 de la Calle Chang Le, donde se han formado muchos nadadores.

Por su talento en deportivo, en el año 1982, entró en el Club Deportivo de Shanghái donde empezó el entrenamiento. Al inicio, fue recomendada para aprender el salto de altura por su estatura y piernas largas. Pero poco después, debido a la falta de fuerza explosiva de sus piernas, cambió al grupo de natación artística. Sin embargo, el entrenador consideraba que Le Jingyi no tenía resistencia suficiente, sus piernas eran demasiado largas. Así, al final entró en el grupo de natación. Después de un recorrido tan largo, volvió al punto inicial. Por fin, sus cualidades: la altura, las piernas largas, los hombros anchos y caderas estrechas que se consideraban desventajas en otros deportes, eran ventajas en la piscina. Finalmente encontró el deporte que le pertenecía después de tanta búsqueda.

En 1991, fue seleccionada para el equipo nacional por sus tiempos excelentes. En 1993, logró dos medallas de oro en los Juegos Mundiales de Universitarios en Búfalo (E.E.U.U.). Al final del mismo año, ganó cinco medallas de oro y batió cinco récords mundiales en el primer Campeonato del Mundo de Piscina Corta.

En el séptimo Campeonato del Mundo de Natación celebrado en Roma en 1994, consiguió cuatro medallas de oro, todas acompañadas de un nuevo récord mundial. Los logros significaban el surgimiento de una nueva generación de nadadores encabezadas por Le Jingyi cuando se retiraron las nadadoras

En 1996, Le Jingyi ganó los Juegos Olímpicos de Atlanta de un golpe.

veteranas. Esta competencia estableció su posición en la natación mundial, desde ese momento se inició una carrera explosiva.

En 1995, Le Jingyi se coronó con tres oros en el segundo Campeonato del Mundo de Piscina Corta. En el mismo año, fue nominada para el Premio Owens. En los vigésimo sextos Juegos Olímpicos de Atlanta, superó el récord con 54.50 segundos y ganó la competición de natación libre femenina de 100 metros, y además las medallas de plata de la carrera de relevos de natación libre de 4×100 y la natación libre femenina de 50 metros.

Se puso en la cresta de la ola.

A pesar de su largo recorrido, nunca olvidará el camino de vuelta a casa

Aunque ya se ha situado en la cumbre de la gloria, cuando se le preguntó qué le apetecía hacer al terminar las competiciones de Atlanta, Le Jingyi contestó con una frase sencilla: "Quiero volver a casa."

En el camino del aeropuerto a casa, Le Jingyi sacó la reluciente medalla de oro de los Juegos Olímpicos para mostrarla a su madre diciendo: "He traido muchas cosas preciosas a casa para que las disfrutaras como yo." Al salir del aeropuerto de Hongqiao, madre e hija fueron al Hospital Rui Jin, puesto que el padre de Le Jingyi, Le Xiangan, había sido hospitalizado hacia tres semanas debido a una enfermedad. En aquel entonces, él se puso de pie riendo ante la puerta de su cuarto para recibir a su querida hija que volvió de una gran victoria. Una vez sentada, Le Jingyi sacó de su bolsa una medalla de oro y una de plata para su padre.

Para ella, esa es la escena que más le gusta recordar. Lo que quería, no era la tanto la admiración de miles de aficionados del mundo, sino la de sus padres, al regresar a su ciudad natal. Después de los Juegos Olímpicos de Atlanta, se retiró y estudió en la Universidad de Jiao Tong donde se licenció.

Se retiró en su mejor momento, y ha mantenido la excelente cualidad de las shanghainesas: brillar y perseverar en la vida. Después de retirarse, se casó y dio luz a un hijo, y apareció pocas veces en la prensa. Para ella, ser una buena esposa y madre era su "medalla de oro" en esta etapa de su vida.

En el año 2008, Le Jingyi, que ya había sido madre, confesó en una entrevista de prensa que además del deporte su tarea más importante era educar a su hijo. "Mi hijo tiene talento para el deporte, aprendió a montar bicicleta cuando tenía un año y era buena deportista. En el futuro que seleccione el deporte que le guste. Tener afición a una cosa es maravilloso, porque lo harás mejor. " Claro, siendo hijo de Le Jingyi, es natural aprender natación. "Le hago aprender la natación pero no es para que

Le Jingyi en Lhasa

la escoja como carrera. Creo que la natación es el mejor deporte para el cuerpo, especialmente para los músculos, el corazón y los pulmones. Cada año hay personas que se ahogan pero si hubieran aprendido a nadar, se había evitado. Por eso, vale la pena dedicar un poco de tiempo a aprender a nadar. "

Sin embargo, como campeona de estilo libre de 100 metros de los Juegos Olímpicos de Atlanta, exclamó, "no puedo enseñar a mi propio hijo". Su hijo ha aprendido a nadar en el Club Municipal de Natación durante dos años seguidos. "Me parece que no puedo enseñarle yo misma, porque el niño siempre depende de su madre. La primera vez que le llevé a nadar, actuó como un bebé desesperado, que me abrazó como si abrazara a un árbol y no aflojó las manos de ninguna manera. Siendo su mamá, no podía ser tan cruel para soltar sus manos, así es que no le enseñé más a nadar. "

Le Jingyi asistió al 23° Congreso Conjunto Asiático de Buceo en 2019.

En septiembre de 2015, en el Lago Dishui, Le Jingyi participó en las actividades físicas de interés público en el Recorrido del Lago de 8 km. Después de tantos años en anonimato, esa aparición llamó mucha la atención. Según la prensa, aunque se había retirado hacía muchos años, se ha mantenido en perfecta forma, delgada y vigorosa. En cuanto al secreto de su aspecto, ella reveló: su actividad física es caminar después de las comidas, tres a cuatro veces a la semana y por encima de todo acompañar y educar a su hijo que es también un sano ejercicio.

En esta étapa de su vida no se define a sí misma como una famosa nadadora, la hace feliz definirse como "una cuidadora a tiempo completo". Goza de tiempo para criar a su hijo y como afición graba videos de animales marinos en su tiempo libre. Ha puesto su alma en los animales que nadan en el mar libremente en el mar, como su vida actual, libre de trabas y sin ningún miedo.

Sobre
las Dos
Ciudades

P: Comente algo de su primera competición en el extranjero.

C: No recuerdo muy bien si era en el año 1990 o 1991, fui al extranjero para participar en una competición, los países eran Alemania y la antigua Unión Soviética, y era el Campeonato de Natación de la Copa del Mundo, he olvidado cuantas medallas de oro logré, recuerdo más el proceso de la competición. Fue la primera vez que salí de mi país y nada me pareció parecido que entre Alemania y China, no me acostumbré a la comida, especialmente al olor del queso que me pareció horrible, pude soportar la comida los primeros dos días pero no resistí más comiendo pan todos los días. Lo más gracioso era que las variantes de mostaza se convirtieron en la comida más rica en aquel entonces, y casi nos peleábamos por poder probarlas. En el primer campeonato en el extranjero, me dio la impresión de que sus condiciones físicas eran muy diferentes de las chinas, aunque los extranjeros no tenían muy buena técnica, eran muy fuertes.

P: ¿Durante tu carrera deportiva, qué país ha sido más inolvidable?

C: A decir verdad, es una pregunta difícil de contestar. He ido a muchos lugares y cada uno tiene sus propias características y cultura, me gustan todos. Puesto que esta vez tiene que ver con Barcelona, le hablaré un poco de Barcelona, una ciudad especial para mí. La primera vez que fui allá coincidió con mi primera participación de Juegos Olímpicos, en aquel entonces, sólo tenía 17 años. Como era muy joven, me sentí muy feliz al ser seleccionada, no pensaba en lograr medallas, sino en aprender. Para mí, una competición así era un entrenamiento muy importante y útil para mi futuro. Conseguí el sexto lugar en el individual y fui subcampeona en la carrera de relevos de 4×100. Me sorprendieron mucho y me alegré mucho de estos excelentes tiempos logrados en una competición tan importante. Después de terminar las carreras de natación, me quedé allí durante una semana (tenía que volver a Beijing con el grupo), lo que más me atraía era salir de la Villa Olímpica con mi placa colgada (placa de identidad de cada deportista, con la cual podía tomar transporte público gratis) para visitar los edificios emblemáticos, viviendas antiguas, iglesias, etc... Cualquier edificio me parecía muy bonito, en aquél entonces, no sabía quién era el arquitecto, sólo me impresionaba la belleza; y me parecía increíble que hubiera una catedral en construcción, me decían que llevaban construyéndola muchos años. Muchos años después supe que la arquitectura que me había gustado tanto era obra de Gaudí, que era un gran arquitecto. La ciudad me dio sobre todo una impresión, que es bella, muy bella, ¡maravillosa!

P: ¿Qué significa Shanghái para ti?

C: Siempre creo que Shanghái es una ciudad especial. Tiene su propia cultura y es una ciudad que lo acepta todo y se acomoda a todo, trata a las otras culturas como el mar trata a los ríos. Aquí hay tantos edificios de distintos países, tanto de huella colonial como edificios modernos, y sobre todo, ¡hay una combinación perfecta! (Me gustan mucho los edificios antiguos, por eso, he ido a conocer la historia de la arquitectura antigua de Shanghái.) Me parece que Shanghái y Barcelona son diferentes, pero tienen algo en común, ¡que son muy hermosas!

P: ¿Podría describir Shanghái con un deporte?

C: Natación libre de 10 km en agua abierta. Tan grande y libre de restricciones como Shanghái.

P: ¿Por qué todo el mundo dice que Shanghái es la ciudad más adecuada para las mujeres, qué opina?

C: ¿En comparación con Beijing, Shanghái es más delicada? En algún sentido, Shanghái tiene algo suave como las mujeres, pero en mi corazón, Shanghái es mi madre y mi ciudad natal que amo mucho; y además tiene el mar enorme fuera del puerto; aquí se concentran los talentos jóvenes vigorosos y llenos de confianza en sí mismos, que vienen de todos los lugares del país para crear su propio futuro aquí y esto da mucha vitalidad.

P: ¿Recomienda Shanghái a las mujeres forasteras e incluso extranjeras?

C: Shanghái es una ciudad donde las oportunidades y los riesgos coexisten. Es como un tren de alta velocidad armonioso, si quieres tomar ese tren, debes tener la suficiente capacidad de aguante, confianza en ti misma e inteligencia. Si te gusta el reto, te recomiendo esta ciudad; si vienes para gozar de una vida delicada o de algo ostentoso y lujoso, me reiré y te advertiré que te prepares para la caída.

P: ¿Hay entusiasmo entre las mujeres de Shanghái por participar en el deporte?

C: Me impresionó la inscripción en la maratón en Shanghái. En esta ciudad, a las jóvenes, les gusta el gimnasio, el Jeet Kune Do y a las mayores, les gusta el pingpong, el bádminton, el Boxeo y el Tai Chi. Es muy difícil reservar espacio en los polideportivos en horas punta. Cada vez más chicas destinan el tiempo para ir al gimnasio a disfrutar de una excitante experiencia, socializar, refrescarse con una ducha.

P: ¿En qué consisten los puntos difíciles, cuales son los obstáculos y la discriminación que sufren las mujeres en competiciones deportivas?

C: Aparecí en las competiciones nacionales e internacionales como una triunfadora. En los Juegos Olímpicos de Barcelona del año 92, logré la medalla de plata de la carrera de relevos de 4×100 metros cuando tenía 17 años, cuatro años después, conseguí la medalla de oro de natación libre de 100 metros en Atlanta. Por eso, nunca sentí discriminaciones ni obstáculos. He demostrado con mis marcas que era la más fuerte en aquella época.

P: ¿Dónde se reflejan los beneficios del deporte en su carácter?

C: Crecí en un equipo de deporte profesional. La vida en común en el equipo de natación me hizo muy bien y jugó un papel decisivo en mi carácter actual. El deporte me hace ser más firme y no tener miedo al fracaso.

P: ¿Qué recuerdos tiene sobre Barcelona 92?

C: La participación en los Juegos Olímpicos de Barcelona me dio la determinación de ser la mejor del mundo, porque en ese momento mi rendimiento individual de 100 metros estilo libre solo estaba entre las diez mejores del mundo. En la carrera de relevos me tocó el cuarto turno (el último), el mismo turno que le tocó a la nadadora que ostentaba el récord mundial del equipo americano (el equipo americano ganó en aquella sesión de Juegos Olímpicos), en la competición, caí al agua con ella al mismo tiempo (es decir, en los tres turnos anteriores los dos euipos nadaban a la misma velocidad), nadé tan rápido como ella en los primeros 50 metros, pero no tenía la misma capacidad y al final perdí.

Nadaba con tanto esfuerzo que casi vomitaba sangre, no quería perder, quería ganar otra medalla de oro para el equipo chino. Fue la competición en la que nadé más duro. De allí en adelante, es decir, desde la edición de los Juegos Olímpicos de Barcelona del año 92, nunca he perdido, me he mantenido en el primer puesto mundial por muchos años, hasta mi retiro y he batido los récords tanto de 50 metros como de 100 metros libres mantenidos por las estadounidenses.

Barcelona fue mi punto de partida y donde empecé realmente mi carrera del deporte.

Erika Villaécija García:
Nadadora profesional que derriba
todas las olas

Erika Villaécija García (Barcelona, 2 de junio de 1984) es una nadadora española de estilo libre, siendo los 800 m la distancia en la que mejores resultados ha obtenido, pero también ha destacado en los 200, 400 m y 1500 m.

Entre sus mayores logros están la medalla de oro obtenida en el Mundial de Piscina Corta de 2010 en los 800 m libres y dos oros en el Europeo de 2004: 800 m libres y el relevo 4x200 m libre.

Fue descubierta en la U.E.d'Horta por sus primeros entrenadores Sonia Fernández Cano y Xavier Martí Bernaus donde se formó como nadadora y como persona.

Entrena en la actualidad en el Centro de Alto Rendimiento (CAR) de San Cugat del Vallés (Barcelona) a las órdenes del que lleva siendo su entrenador desde los 16 años, Joan Fortuny.

Recibe una beca ADO para deportistas de alto nivel desde 2003.

En 2002 se matriculó en la carrera de Psicología en la Universidad Autónoma de Barcelona.

El 12 de diciembre de 2003, al ganar el Campeonato de Europa en 800 m libre en Dublín, se sitúa entre los 16 mejores tiempos mundiales tanto en 400 como en 800 metros libre.

Su debut olímpico fue en los Juegos Olímpicos de Atenas 2004.

A finales de noviembre de 2008, Erika deja el club de Club Natación L'Hospitalet debido a problemas de presupuesto y ficha por dos temporadas por el Club Natació Sant Andreu, donde también es nadador su hermano Álex.

Desde el Mundial de Barcelona 2013, Erika Villaécija combina las pruebas de piscina con las pruebas de aguas abiertas, en las que ha sido mundialista. También ha participado en las

pruebas de la Copa del Mundo y de Europa. A lo largo de su carrera deportiva ha establecido varias
veces el récord de España de los 800 y 1.500 metros libres.

En los Juegos Olímpicos de Río Erika Viallaécija acabó decimoséptima la prueba de
natación en aguas abiertas en los Juegos Olímpicos de Río de Janeiro con un tiempo de 1:
59: 04.8, una decisión que se rubricó con 'foto-finish'. La nadadora española, sancionada
con la bandera amarilla en la segunda vuelta, quedó lejos del séptimo puesto logrado hace
cuatro años en Londres.

Historia de Erika

Frase de la campeona

P: ¿Qué palabra sale de tí todas las mañanas?

C: Felicidad y lealtad, para mí es muy importante ser feliz en las cosas que hago cada día y lealtad porque soy una persona que lo da todo y me gusta que la gente que está a mi alrededor, también lo dé todo como yo.

P: ¿Crees que es una palabra ligada al hecho de ser una mujer?

C: Pienso que sí que está ligado al hecho de ser mujer, porque para nosotras la lealtad es muy importante en la pareja, en la familia en los amigos ... Y con respecto a la felicidad también porque estar feliz te ayuda a crecer, si están viviendo una vida que no te hace feliz, no triunfas, no tienes éxito ...

P: ¿Qué significa Barcelona para ti?

C: Es la ciudad en la que vivo y me identifico, es una ciudad en la que puedes aprender mucho porque es una ciudad diversa en la que se mezclan muchas culturas y porque lo tiene todo, mar, montaña, diversión, conocimiento .... Yo estoy enamorada de Barcelona por todo lo que siempre puedes aprender de esta ciudad.

P: ¿Cuál es la ciudad más inolvidable de tu carrera?

C: Para mí la ciudad más inolvidable es Melbourne en Australia donde estuve en el 2007 para un campeonato del mundo y me gustó porque me encontré con una ciudad muy moderna y a la vez con mucha cultura y tradición. También porque la conexión con la naturaleza es muy próxima, en una hora de viaje puedes llegar a un sitio y ver canguros y un paisaje totalmente impresionante.

P: ¿Qué hizo que la ciudad fuera atractiva para ti?

Creo que todo un poco, también porque aquel campeonato me fue muy bien y la experiencia de aquél viaje fue completa.

C: ¿Puedes encontrar la misma mencionada atracción en Barcelona?

Sí por la cultura y por la naturaleza, también porque la gente es acogedora, en ambas ciudades, eso es importante.

P: ¿Qué te gusta más de Barcelona?

C: De Barcelona me gusta la gente, su cultura el hecho de ser una ciudad abierta al mundo, en la que puedes conectarte con mucha gente e intercambiar conocimiento. Asimismo, creo que Barcelona es una ciudad para las mujeres, posee muchas cosas que atraen a las mujeres, hay más opciones profesionales, mucha más diversidad cultural y oferta de ocio ...

P: ¿Si se te pidiera que comparases Barcelona con un deporte, cuál sería?

C: Con el fútbol, porque está muy vinculado al Barça, y el Barça es conocido mundialmente.

P: ¿Recomendarías a las mujeres del extranjero trabajar y continuar sus carreras en Barcelona? ¿Por qué?

C: Desde luego, porque en la ciudad hay muchas oportunidades profesionales y porque culturalmente es muy rica.

P: ¿Tienen algún significado para ti (aunque fueras muy pequeña) los Juegos Olímpicos del 92 en Barcelona?

C: Yo en aquella época ya nadaba, ya había hecho mi primera competición y recuerdo que cuando se realizó la ceremonia de los juegos estaba nadando y pensé que me gustaría ser una nadadora olímpica que me gustaría llegar a ese momento y hacer carrera deportiva. Creo que el espíritu olímpico del 92 me marcó, yo seguí mucho los juegos

Erica avanza con esfuerza en la piscina.

porque la ciudad de Barcelona se involucró mucho. Amigos de mis padres también fueron voluntarios olímpicos y me acuerdo del Cobi de la mascota y de los dibujos ... para mí fue una experiencia muy bonita. Me inspiró para ser deportista olímpica.

Hay un dragón en el oriente lejano.

P: ¿Conoces Shanghái? ¿China? ¿Algún país oriental?

C: Sí estuve en Shanghái dos veces para dos campeonatos del mundo y estuve en los juegos olímpicos de Pekín. Shanghái me impactó mucho porque al lado de edificios de mucho lujo, había casas más humildes y el contraste era muy impactante.

P: ¿Qué crees que te une a las mujeres atletas de Shanghái?

Son culturas diferentes, pero la mujer de Shanghái es muy trabajadora como la de Barcelona, y son muy constantes en los entrenamientos y con una gran convicción para lograrlo, tienen mucha fuerza y practican la cultura del esfuerzo.

Sobre las mujeres

P: ¿Cuál es el significado de ser mujer en su profesión?

C: El contacto con el agua y el significado de bienestar es lo que creo que conecta mi feminidad con mi profesión, la natación.

Me gustaría dejar claro que por ejemplo en el caso de cuando las nadadoras tenemos la menstruación, algo tan genuinamente femenino, esto no supone ningún tipo de condicionante, podemos competir igualmente e incluso ganar y mejorar marcas. Además, hoy en día existen muchos avances en la ciencia y en los fármacos para poder controlar el ciclo menstrual y que no te coincida con una gran competición en el caso de que se trate de un momento más sensible e incluso doloroso para ti. Creo que es importante desmitificar el síndrome menstrual y superar los tabús que hay alrededor de este tema que por supuesto para las nadadoras que yo conozco está absolutamente superado.

P: ¿Y en la vida?

Más que un significado tradicional del hecho de ser madres y esposas, creo que está vinculado al tener más puntos de vista, quizás por ello se dice que las mujeres somos más complicadas. Creo que las mujeres tenemos una visión diferente de la vida por el hecho de ser mujer.

P: ¿Sientes que las mujeres que conoces están interesadas en el deporte? ¿Has percibido el entusiasmo deportivo de las chicas en tu entorno fuera de la natación?

C: Creo que hay dos tipos de mujeres, las que les interesa el deporte porque les gusta, porque quieren sentirse bien y lo practican habitualmente, y porque hacen deporte para estar en forma y cuidarse. Y después, otro tipo de mujeres, que les gusta el deporte, pero que no tienen tiempo y que lo hacen puntualmente cuando lo necesitan por alguna causa ...

La carrera de natación de Erika Villaécija, ¡tan libre y feliz!

No obstante, creo que cada vez más hay más personas que piensan que hacer deporte ayuda a conseguir una vida más saludable.

P: ¿Qué diferencias ves entre la natación femenina y la masculina?

C: Es cierto que no hay mucha diferencia en cuanto al trato, porque todos vamos juntos a competiciones, pero sí es cierto que la natación femenina es más de esfuerzo y hacer las cosas bien y la natación masculina es más de ego y de marca. Sí que es cierto que físicamente las mujeres tienen más resistencia en el tiempo y maduran antes. Las mujeres pueden aguantar más que los hombres y durante más tiempo la presión o una dolencia física.

P: ¿Comparadas con los hombres, cómo son las mujeres nadadoras? ¿Estas diferencias justifican la diferente valoración que pueda hacer la sociedad o las diferencias en los ingresos?

C: Creo que la natación femenina es mejor que la masculina, en cuanto a resultados de marca a nivel internacional, en Cataluña hasta en

España desde hace diez años las mejores marcas de la natación son femeninas ... Es cierto que al final la cosa está muy equilibrada. Pero es verdad que en algunas celebraciones o anuncios de títulos y marcas conseguidas se tiende a visualizar más los masculinos, creo que es porque la sociedad es machista en general ...

Dos ciudades hermanas, aunque están a miles de kilómetros de distancia, comparten los mismos genes.

P: Si digo Barcelona - Shanghái ¿Qué te sugiere?

C: Modernidad y capacidad de adaptación a los cambios de la sociedad .

P: ¿Cómo construir un puente entre las dos ciudades?

C: Creo que conocer la cultura china aquí en Barcelona sería un buen puente de conexión entre ambas ciudades. Creo que ellos conocen más nuestra cultura que nosotros la suya y es porque hay más información que va hacia allí que la que llega aquí.

P: ¿Cuál ha sido el puente de tu vida?

C: Creo que la red de personas que me ha acompañada a lo largo de mi vida es lo que me ha ayudado a no tener miedo a provechar las oportunidades, y esto mismo es lo que me ha hecho avanzar en la consecución de mis metas.

Vivir fiel a uno mismo y mostrar a las jóvenes que los sueños no tienen límite.

P: Los deportes se cree que son importantes en la formación de la personalidad y el carácter de las personas. ¿Dónde y cómo pueden ayudar los deportes en la formación de la personalidad de la gente?

C: El deporte me ha ayudado a madurar muy rápidamente, el hecho de tener que viajar y adaptarse a culturas distintas es una buena enseñanza y esto lo he logrado a través del deporte. Me ha ayudado a crecer, a saber lo que yo quiero a evolucionar y saber qué es lo que me va bien, lo que no me ayuda en mi desarrollo y ese tipo de cuestiones. Y también el deporte ayuda a mejorar la disciplina a saber gestionar mejor el tiempo...

De los fracasos del deporte he extraído grandes enseñanzas que me han ayudado a forjar mi personalidad.

P: ¿Quién ejerció la mayor influencia sobre ti?

C: Mis padres, pero sobre todo mi padre que me animó siempre desde pequeña y me decía: "Reina el día que no disfrutes nadando, lo dejas."

P: ¿Cuál es la carrera más memorable que recuerdas?

C: Para mí la más importante fue cuando gané el campeonato del mundo en el 2010 en Dubai, pues no iba muy motivada pero salí a ganar porque pensé que ganar aquel título era lo que realmente quería.

P: ¿Qué aprecias y atesoras más cuando convives y participas con tu equipo?

C: Para mí lo más importante del equipo es que te da alegría cuando lo necesitas, te animan cuando no lo has hecho bien para que no te hundas ... Y de lo que te aporta cada persona dentro de cada rol dentro del equipo. El hecho de poder compartir sensaciones sentimientos relacionados con la competición ayuda mucho.

P: ¿Cómo describirías tus relaciones con el equipo?

C: Muy buena, nos unen muchas competiciones y nos ayudamos entre todos.

P: ¿Como nadadora, qué es lo más necesario para tener éxito en este deporte?

C: Lo más importante es tener confianza en ti misma, en tu entrenador y en tu método de trabajo.

P: ¿Quién es la primera persona en saber noticias de tus éxitos?

C: Mi entrenador, porque mi trabajo es el suyo y además porque llevamos muchos años juntos, después a mis padres y a mi hermano y después a Nacho que es mi pareja.

P: ¿Qué tipo de apoyo recibes de tu familia en el desarrollo de tu carrera?

C: Recibo un gran apoyo, mi madre se preocupa de mi estado físico y de que esté bien en términos de salud y mi padre es muy positivo y optimista, siempre me da mucha energía. Y Nacho mi pareja es un soporte muy importante porque a él le gusta mucho el deporte y me apoya en todo, estoy muy satisfecha y me hace sentir bien su apoyo. Además siempre viene conmigo.

P: ¿De dónde proviene tu espíritu competitivo? ¿Crees que está relacionado con cómo te educaron?

C: Sí desde pequeña he competido en campeonatos, pero también está vinculado a mi carácter de querer superarme siempre.

P: ¿Quién ejerce mayor influencia sobre ti en tu vida?

C: Mis padres, mi familia y amigos y el deporte.

P: ¿Qué cualidades psicológicas se necesitan para ser una buena nadadora? ¿Crees que estas cualidades son útiles en la planificación de tu vida?

C: La concentración y la capacidad de saber lo que quieres conseguir y la constancia, el esfuerzo.

P: ¿Cómo defines el éxito?

C: El éxito es algo que todos necesitamos, el hecho de tener éxito nos refuerza la confianza. El éxito es intentar superarte cada día, y en este viaje sentirse viva y completa haciendo lo que te gusta. Para mí irme de la competición con las mismas ganas que cuando comencé definiría muy bien la idea de haber tenido éxito.

Siempre estaba muy segura de que cuando dejara de competir, seguiría vinculada a la natación, tal vez como profesora o entrenadora ... pero siempre conectada con el deporte.

P: ¿Qué influencia tiene la experiencia de ser nadadora en tu personalidad y manera de manejar los asuntos? ¿Ejemplos?

Erika mirando hacia atrás en la piscina

C: En mi forma de hacer frente sobre todo a los momentos difíciles de la vida. La natación y el deporte me ha dado herramientas, recursos para manejarme mejor, ha reforzado habilidades y competencias por ejemplo, la constancia, la objetividad, el saber dónde están mis límites ...

P: Estás sujeta a altibajos como nadadora. ¿Cómo pasas de esos momentos más malos a los grandes logros?

C: Intentando desconectar y no pensar, pasar tiempo con mi familia y mi pareja, pero conociendo dónde te has equivocado para no volver a cometer el mismo error, en este deporte tienes que aprender a ser objetiva a conocer tu cuerpo y tu resistencia en el agua y saber cómo mejorar tu marca.

P: ¿Conoces a Le Jingyi? Puesto que es una nadadora más veterana que tu, crees que puede ser un referente para ti?

C: Sí, porque posee una gran técnica y resistencia, es una gran profesional de la natación. Sí podría inspirarme.

REFERENCIAS:

Olímpicos Rio 2016: Erika Villaécija García [https://jordipress.com/deporte/natacion/item/417-ol%C3%ADmpicos-rio-2016-erika-villa%C3%A9cija-garc%C3%ADa].

Barcelona en Río, nuestros deportistas olímpicos: Erika Villaécija i García [https://www.barcelona.cat/infobarcelona/es/barcelona-en-rio-nuestros-deportis-tas-olimpicos-erika-villaecija-i-garcia_392709.html].

Erika Villaécija se queda muy lejos de las medallas [https://www.marca.com/juegos-olimpicos/2016/08/15/57b1cd6bca474125358b45d2.html].

Erika Villaécija logra el billete a Río en aguas abiertas [https://www.rtve.es/deportes/20160611/erika-villaecija-logra-billete-rio-aguas-abier-tas/1357580.shtml].

La jugadora de ping pong Cao Yanhua es una leyenda en China. Entró en el equipo nacional chino cuando tenía 16 años, ha ganado siete campeonatos mundiales y 56 medallas de oro. Ha sido la precursora de la técnica que combina la raqueta vertical dando tiros curvos y ataques rápidos. Actualmente el club de ping pong fundado por Cao en Shanghái es una gran cantera para el equipo nacional.

Y en el otro lado de la Tierra, Araceli Segarra también se ha convertido en una leyenda. Araceli, la primera mujer española en alcanzar la cumbre del Everest, posee apariencia de modelo y un carácter de gran perseverancia que le ha permitido alcanzar nuevas alturas como escritora.

La pelota de ping pong es la más pequeña y el Everest la montaña más alta, con ellas ambas deportistas han logrado grandes éxitos en dos áreas tan distintas con la misma perseverancia y aquí nos revelan el secreto de sus vidas: el éxito llega al aprovechar el camino sin pensar mucho en el triunfo.

Cao Yanhua:
Una vida compromedida con el ping pong

Autora / Wang Huilan

Cao Yanhua es una leyenda del ping pong en China. Jugaba ping pong desde muy pequeña y logró ser campeona de competiciones femeninas individuales en el Campeonato de Asia, en que venció a la campeona mundial Piao Yingshun y así entró en el equipo chino.

Cuando aún no había Juegos Olímpicos de ping pong, consiguió siete campeonatos mundiales y 56 medallas de oro. Jugaba muy bien con la raqueta vertical pegando golpes curvos y ataques rápidos, usando las dos caras de las raquetas indistintamente, y era muy buena lanzando la pelota muy alto con la mano izquierda. Creó el inicio de masculinizar las técnicas femeninas. Se retiró de tenis de mesa a los 23 años, se casó y dio luz a un hijo, pasó un periodo de tiempo muy feliz en el extranjero. Cuando volvió a China, estableció la Escuela de Tenis de Mesa Cao Yanhua para los jóvenes y el Club de Tenis de Mesa, que supuso un nuevo mito en su recorrido. El jugador principal del equipo nacional de China, Xu Xin, fue su pupilo.

En la década 60 del Siglo XX, el ping pong era un deporte muy popular en China, por cumplir una misión muy especial, también era un deporte más común en China. Los niños nacidos en aquella época, tenían sentimientos y memorias muy especiales de ping pong. Cao Yanhua no pensaba que tenía la vida conectada con esta pelota.

La niña que jugaba en los callejones del shikumen

Cao Yanhua nació en una familia humilde de obreros en el distrito Hongkou de Shanghái, tenía dos hermanas mayores. Como a su padre le gustaba el deporte, las niñas hacían deporte desde muy pequeñas. Una hermana entrenaba deporte en la Escuela Deportiva del Distrito, la otra estaba en el equipo deportivo de su escuela, ambas jugaban ping pong. Cuando tenía tres años, Cao Yanhua siguió a sus hermanas para recoger la pelota en el callejón. "En aquel entonces, jugar ping pong era muy fácil, no se necesitaba campos especiales, jugábamos en el suelo."

Cuando entró en la escuela primaria, Cao Yanhua mostró su talento. Guiada por el maestro de deporte, avanzó rápido. Su padre estaba muy contento y le compró una raqueta de la marca "Doble Felicidad" de 5 yuanes para mostrarle su apoyo. Era un gran lujo en aquel entonces, y ella se sentía muy satisfecha ante sus compañeros. Cuando recordó las experiencias de la infancia, se emocionó y dijo: "Entonces en la escuela, había una combinación de la enseñanza del conocimiento y del deporte, los padres apoyaban a los niños para jugar, no como ahora, que sólo les importan las notas de los exámenes, y el deporte es para los niños fuertes que no estudian bien, no jugábamos por el éxito sino por el amor al deporte. "

En febrero de 1973, entró en la Escuela Deportiva del Distrito Hongkou, fue seleccionada por la entrenadora Wang Lianfang, quien se retiró del equipo de Shanghái, y cuyo marido era el entrenador famoso del fútbol, Zhu Guanghu. Muchos años después, cuando Zhu Guanghu fue entrevistado, siempre mencionó a su mujer: "Saben quién es Wang Lianfang? Su éxito no es menor que el mío." Cao Yanhua era su alumna excelente.

Entonces Cao Yanhua sólo tenía 10 años, su entrenadora Wang Lianfang descubrió que durante los entrenamientos ella siempre reflexionaba e investigaba, aprendía más demás que los otros y era decidida. Pensaba que tenía potencial y lo cultivaba con esmero. "La entrenadora Wang era muy estricta. Tenía miedo y rencor hacia ella, pero gracias a ella, consiguió una base sólida para entrar en el equipo nacional. Es la persona a quien quiero expresar mi más sincero agradecimiento como guía de mi proyecto." dijo Cao Yanhua.

La entrenadora Wang le hizo cambiar la forma de usar la raqueta para evitar la mala costumbre anterior. Como era inteligente, aprendió a negar bien en poco tiempo, y dominó muy bien la técnica. Practicaba con afán, aprendió y avanzó muy rápido. Fue seleccionada por el Equipo Deportivo de Shanghái después de lograr muchos premios. Al entrar en el Equipo Deportivo, le impresionó el subsidio de 6 yuanes, dijo: "Me sentí muy orgullosa en aquel entonces, parecía que podía mantener a la familia. "

La oportunidad se abre a los que se encuentran dispuestos. Poco después de incorporarse al equipo, en agosto de 1977, participó en el Campeonato Nacional representando el equipo de Shanghái y jugó de manera excepcional. Fue exactamente este partido el que cambió su vida, porque había un espectador que la vió jugar, se llamaba Xu Yinsheng ...

Un fin de semana, Cao Yanhua volvió a casa a reunirse con sus padres. Les informó de lo que ocurrió esa semana y mencionó la broma de sus compañeros. "Dijeron que iría al extranjero, les dijo riendo, cómo es posible, están bromeando. "Toda la familia rio, sin embargo, su padre dijo con calma: "Yanita, no están bromeando, realmente vas a ir al extranjero. "

Lo que pasó es que, el líder del equipo visitó su casa para informar que el entrenador Xu Yinsheng vio el talento de Cao Yanhua y la invitó a Beijing para participar en los partidos en Europa al cabo de un mes. ¡Era verdad! Parecía que le había caído un regalo del cielo, siendo una jugadora del equipo de Shanghái, asistiría a los partidos representando al equipo nacional.

Se hizo internacionalmente famosa y entró
al equipo nacional a los 16 años

Tenía partidos en Francia, Suecia y Holanda, ganó el campeonato a los 15 años y se hizo famosa mundialmente. Cuando volvió a China, entró en el equipo nacional como un caso excepcional, la incorporación al equipo nacional de una jugadora aficionada, eso era muy raro en la historia del ping pong.

Al principio, se sintió muy emocionada al practicar ping pong con las estrellas a quienes antes raras veces podía ver, pero con el tiempo, no se acostumbró. "Me dicen que mi forma de jugar es la de 'guerrilla', ganar a los rivales con pequeños trucos. Mientras que la forma adecuada consistía en elevar capacidad física. El equipo nacional prestó mucha atención a los entrenamientos en este aspecto, sin embargo, como yo no tenía buena salud, el correr largas distancias resultaba una tortura para mí, aun me da miedo ahora al pensarlo." Menos mal, que se encontró con otro entrenador Zhou Lansun.

Zhou Lansun le estableció una nueva técnica más adecuada que consistía en "masculinizar" la técnica femenina fortaleciendo la capacidad de las primeras tres raquetas. Así Cao Yanhua tenía su propia técnica, en su ataque rápido, daba tiros curvos con raqueta vertical, así las pelotas tenían velocidad rápida y buen punto de caída, y tenía curvos muy variados y difíciles de defender, que resultaba muy potente en los partidos. El año 1980, logró siete campeonatos en las competiciones públicas y así ocupó la posición número uno en el equipo nacional. En aquel entonces, apenas tenía 20 años.

Entre todos los partidos, el más emocionante era la final del femenino individual del Trigésimo Séptimo Campeonato Mundial de Tenis de Mesa. Entonces, la jugadora coreana Yang Young-ja con sus formas agresivas para entrar en el final venció a varias jugadoras chinas. Todos ponían la esperanza de ganar la medalla de oro a Cao Yanhua. Antes del comienzo del partido, la mayoría se sentían nerviosos, sin embargo, Cao Yanhua se echó al suelo y durmió. Zhou Lansun se sintió alegre al verla, porque la conocía muy bien, que ella era una persona nacida para los partidos importantes, es decir, tenía un nivel muy alto de inteligencia emocional, se tranquilizaba en el momento clave. Realmente, cuando empezó el partido, Cao Yanhua realizó ataques continuos a su rival Liang Yingzi. Liang Yingzi se defendió con ataques más fuertes. Cao Yanhua tiró 16 pelotas altas consecutivas, que obligaron a la opositora a cometer errores. Todos los que vieron este partido quedaron impresionados y lo recuerdan muy bien. Esta vez, Cao Yanhua se coronó campeona mundial femenino individual.

En el siguiente, el Trigésimo Octavo Campeonato Mundial de Tenis de Mesa, derrotó a su compañera Geng Lijuan, siendo la primera que logró ser campeona de femenino individual de este campeonato dos veces seguidas. Además, logró el campeonato de dobles con Cai Zhenhua, y así era la segunda en lograr el "Golden Slam" después de Lin Huiqing. En la década de los años 80 del siglo XX, Cao Yanhua marcó una época de éxitos con el tiro curvo de sus pelotas.

Se retiró y se casó a los 23 años

Cao Yanhua tiene una carrera profesional muy espléndida con 56 triunfos en campeonatos tanto nacionales como internacionales, logró todos los campeonatos mundiales de ping pong (en su época, el ping pong todavía no era disciplina en los Juegos Olímpicos), que han contribuido mucho a la causa del ping pong en China. Pero cuando esperaba que ganara el siguiente campeonato, decidió retirarse: "Por un lado, no tenía buena salud, por otro, no le convenía quedarse en el equipo nacional. En aquel entonces, el equipo nacional tenía estipulaciones muy estrictas: las chicas no podían pintarse, no podían tener el pelo rizado, no podían tener novios, etc. Yo era muy franca a mi corazón, no me gustaban las reglas y quería retirarme. "

En noviembre de 1985, celebró su partido de despedida en el Estadio de Jing'an de Shanghái. Entre los espectadores, figuraban los exjefes del Comité de Deporte Xu Yinsheng, Yuan Weiming, Director del Buró de Entrenamiento Li Furong, sus entrenadores Zhou Lansun, Wang Lianfang. Este partido marcó un fin perfecto de su carrera profesional. Se retiró del equipo nacional tan decidida que parecía que no sentía ninguna nostalgia.

Después de retirarse, se casó con Shi Zhihao, poco después de la boda, el matrimonio se fue a Alemania. Shi Zhihao trabajaba en un club local de ping pong y Cao Yanhua era ama de casa.

Los días iniciales fueron duros, no sabían inglés ni alemán, no sabían conducir, no tenían amigos. Aunque no se preocupaban por la vida y vivían en una casa grande, se sentían muy solos y aburridos, la vida allá era totalmente diferente a la de China. A veces, se les ocurrió la idea de volver al país, al final, insistían en quedarse. Todo empezó de cero. Con el carácter de no rendirse a la dificultad, Cao Yanhua aprendió alemán muy rápido, e incluso varios idiomas y a conducir también. "Comencé a aprender a cocinar, iba a comprar la comida al supermercado a tres kilómetros conduciendo. Como no necesitaba trabajar, me concentraba en cocinar, todos los días pensaba en crear nuevos platos. Allá no se vendía cáscara de pequeñas bolas de masa, compré una máquina de hacer harina para hacer masa yo misma. He hecho empanadas de carne, de verdura, empanadas fritas, ravioles fritos, que tenían un sabor más rico que los de la tienda. Cada vez me gustaba más hacer comidas. " Cuidaba muy bien de su familia y dio luz a su hijo Shi Zexi en 1993, los tres vivían muy felices.

En los días en el extranjero, mantenía la costumbre de escribir a sus padres. En 1995, su padre le dijo en una carta, que Shanghái se había desarrollado mucho y que podía considerar volver para realizar un nuevo proyecto. Cuando lo leía, lloró sabiendo que su padre la echaba mucho de menos. "Admiro mucho a mi papá, quien es muy perspicaz y siempre me estableció metas que parecen inalcanzables. Si no estraba en el equipo de Shanghái, la meta era entrar en el equipo nacional. Una vez en el equipo nacional, la meta era lograr su campeona mundial. Después de retirarme, me dijo que fuera al extranjero para ver el mundo exterior. El camino que he recorrido, él siempre lo consideró correcto." Así, según el consejo de su padre, después de hablar con su marido, decidió volver a Shanghái con toda la familia.

Shi Zehao seguía trabajando como entrenador de ping pong mientras que Cao Yanhua empezó a hacer negocios. Al principio, se dedicó al comercio exterior, pero no le salió bien. Se sintió confundida. "Jugué ping pong desde muy pequeña, después viví en Alemania, donde tenía una vida muy cómoda, nunca supe qué eran los negocios. "

Creó su propia escuela de ping pong a los 34 años

A finales de 1996, su empresa se encargó de seleccionar vía la prensa de Shanghái a los 10 mejores jugadores de ping pong del año 1996. Fue todo un éxito y en la ceremonia, se reunieron cerca de cien jugadores famosos de ping pong, muchos de los cuales eran campeones. Todos deseaban tener más eventos como aquel. En aquel momento, Cao Yanhua se dio cuenta de que no podía alejarse del ping pong, conectó toda su vida con el ping pong. "Como dicen, nacer para el ping pong, y morir por el ping pong. "

Shanghái, la cuna del tenis de mesa en China, ha cultivado muchos talentos de ping pong. Cao Yanhua dijo: "Como tengo un carácter audaz, siempre quería hacer algo diferente, y la elección anterior de jugar al ping pong era una prueba. " Ahora, decide crear una escuela de ping

Cao Yanhua es actualmente la directora de una escuela de pingpong, y todos la llaman "Directora Cao".

pong aprovechando su propia experiencia. "Ofrecer enseñanzas y alojamientos, combinar la enseñanza del conocimiento y del deporte. Esta es mi idea."

Finalmente, con los esfuerzos de muchas partes, estableció su escuela en Yanghang en el Distrito de Baoshan. Dijo que tenía buena suerte y que siempre contaba con preciosas ayudas. Después de dos años de duro trabajo, su escuela se hizo famosa.

"Al principio, soló había 8 alumnos, ahora, ya tenemos más de dos mil alumnos." Cao Yanhua dijo riendo que quizás su coeficiente intelectual no fuera muy alto pero que su inteligencia emocional si que lo era. "Mi mentalidad es muy sencilla, nunca creo que soy capaz, pero me siento muy feliz por las ayudas que me ha dado tanta gente en la creación de la escuela. " Al entrar en el aula, cuando oye los saludos de alumnos llamándola Maestra Cao, se siente muy animada a pesar del cansancio del cuerpo. "Agradezco mucho a los padres de los alumnos su la confianza en mí, al enviar a sus hijos a mi escuela. "

En estos años, la Escuela "Cao Ping" ha cultivado muchos candidatos jóvenes, entre los cuales, Xu Xin es el mejor alumno. Este niño que nació en la década 90, fue enviado a la escuela de ping pong a los 12 años. "Es audaz, inteligente, piensa cuando juega. Una vez, me preguntó: Maestra Cao, ¿qué sentido tienen tantos entrenamientos? Le contesté: para los partidos. Generalmente los niños a su edad no se atreven a hablar conmigo, pero él sí es audaz, por eso veo que tiene carácter para los campeonatos, y la verdad es así."

Cao Yanhua cree que Xu Xin como jugador de raqueta vertical, tiene que esforzarse más que los de raqueta horizontal. Dijo: "Establecí una meta para él: aprender las ventajas de Wang Hao y Ma Lin y superarles. Claro, todavía no alcanza esta meta. Sin embargo, Xu Xin tiene su propia ventaja, por ejemplo, la defensa en el medio de la mesa, la variedad de las líneas de pelotas y el uso de la mano revés. Ya figura entre los jugadores mejores, antes dependía de su habilidad y persistencia, ahora ya cuenta con la capacidad más fuerte. "En el Campeonato Mundial de Suzhou de 2015, Xu Xin logró los campeones de los dobles y del individual masculino.

Por un lado, Cao Yanhua se siente muy orgullosa por los resultados excelentes de los jugadores jóvenes, por el otro, cree que sus técnicas ya son

CaoYanhua con su discípulo, Xu Xin

maduras, no puede hacer más sino ayudarles en los aspectos de servicios para desarrollarles mejor. "Comunico a menudo con su entrenador actual, me siento muy satisfecha con sus logros actuales porque los veía entrenar desde la niñez. Ahora ellos me tratan como a su madre." Cree que ahora lo único que puede hacer es ayudar a los niños a elegir el camino correcto. "No olvides quién eres por los éxitos logrados, es terrible tener demasiada confianza en uno mismo, a veces te destruirá. " La idea de la escuela es la combinación de la enseñanza del conocimiento y del deporte. Enfatiza que aparte de practicar ping pong, los niños tienen que leer y ser buenas personas, así en el caso de no lograr éxitos en ping pong, lograrán éxitos en otros aspectos de la sociedad.

No es "madre tigre" en la vida

Cao Yanhua ha basado su proyecto en Shanghái y su escuela va cada día mejor. Mientras que su marido Shi Zhihao trabajo en Beijing como entrenador principal del equipo nacional cuando los dos volvieron de Alemania. Se reunian poco y se separaron mucho, ninguno de los dos queria dejar sus proyectos y al final terminaron su matrimonio que duró más de diez años. Hace muchos años, Cao Yanhua escribió una autobiografía titulada *La Mujer de Horóscopo Chino Tigre*, en que decía que era una mujer de carácter tigre. Tanto en su época de deportista como en la de la creación de su escuela, siempre actua con audacia y toma decisiones rápidas. En cuanto a la educación a su propio hijo, dijo riendo y moviendo la cabeza: "No soy absolutamente 'Madre Tigre'."

Su hijo Shi Zexi nació en Alemania, recibió la educación occidental desde muy pequeño. Recuerda que en la guardería infantil alemana se estipulaba que no podían enseñarles nada, los niños allí sólo jugaban. "Los extranjeros dan mucha libertad a los niños, y en aquel entonces pensaba lo mismo, y nunca intervenía en sus asuntos. "Cuando Shi Zexi volvió a Shanghái, Cao Yanhua habló con él: "Tenemos que adaptarnos a la costumbre de aquí, tienes que terminar los deberes de los maestros. " Cuando entró en la escuela secundaria, tenía cada día más deberes, una vez, no pudo terminarlos hasta las 12 por la noche. Cao Yanhua no podía aguantar y escribió una nota a la maestra diciendo: "Para garantizar el tiempo de dormir, no le dejo hacer los deberes."

Su padre es Shi Zhihao, su madre es Cao Yanhua,

Cao Yanhua de moda

ambos son personajes famosos en el terreno de ping pong, sin embargo, Shi Zexi no heredó a su causa. Cao Yanhua no se siente mal por eso. "Cuando mi hijo era pequeño, aprendió a jugar ping pong con su papá, se interesó y me enseñó cuando terminó las prácticas. Después me vio una vez en la tele y se enteró de que su madre era campeona mundial. Se sintió frustrado y no quería jugar conmigo. Sé que tiene miedo de perder. " Cao Yanhua conoce muy bien a su hijo, que tiene un carácter bastante diferente al de ella. No habría logrado buenos resultados si hubiera seleccionado el ping pong. "Le dejo desarrollar como quiera, seleccionar lo que quiera y la forma de vida que le guste, mientras lo que haga sea correcto, para mí está bien. " Después de graduarse de la escuela superior, Shi Zexi fue admitido en la Facultad de Administración del Instituto de Deporte de Shanghái. Y después fue a Japón a estudiar.

Cao Yanhua en los ojos de sus amigos

Xu Yinsheng (Presidente de Asociación de Ping Pong de China, Presidente Honorario Vitalicio de la Federación Internacional de Ping Pong, maestro de Cao Yanhua)

Algunos jugadores famosos de ping pong se dedican a los negocios "en lugar de ocuparse en un oficio relacionado con el deporte" después de retirarse, mientras que Cao Yanhua todavía mantiene la vinculación con el ping pong y ha creado su escuela paso a paso. Vale la pena mencionar que ha prestado atención en "doble enseñanza", es decir, en su escuela se enseñan conocimientos y deporte al mismo tiempo. Es una directora de escuela muy responsable. Sabe responder al país, en el pasado el país la cultivó, ahora agradece esa formación al país con su trabajo.

Eva (Redactora jefa de la revista *Mundo de Ping Pong*, amiga íntima de Cao Yanhua)

Conozco a Cao Yanhua desde hace más de 20 años. Al principio, me parecía una "diosa", porque ha tenido glorias esplendidas e insuperables. Todos la respetan mucho.

Después de hacerme amiga suya, la he ido conociendo. Es generosa y leal es una mujer maravillosa, cuida a su entorno, a sus mayores, a los amigos y a la familia. Tiene buen gusto y es muy elegante. En una frase, tiene un buen proyecto, es buena persona y goza de una buena vida.

Sobre
las Dos
Ciudades

P: ¿Podría decirnos algo de Shanghái como una Shanghainesa?

C: Sí, Shanghái es mi ciudad natal. Amo mucho a esta ciudad. Es una ciudad generosa y moderna. Me dio una experiencia diferente la vida aquí desde la niñez. Me gusta mucho el estilo Shanghainés. Cuando estaba en Alemania, una carta de mi padre me hizo volver a esta ciudad y dejar la vida en el extranjero, porque echaba mucho de menos a mi familia y Shanghái. Cuando volví, quería contribuir algo a la causa del ping pong en Shanghái, por eso decidí crear la Escuela de Ping Pong de Cao Yanhua.

P: ¿Ha ido a Barcelona? ¿Qué impresión tiene sobre ella?

C: Sólo he ido una vez. En junio de 1991, Cao Zhenhua dirigia el equipo nacional que participaba en la Segunda Copa Mundial de Ping Pong. Me llamó para que fuera a dar ánimos al equipo masculino, porque en aquel entonces, el equipo masculino estaba en tiempos difíciles, y era el primer campeonato internacional del equipo chino. Me dijo: "Eres la diosa de la suerte, con tu presencia, el equipo chino ganará. "Acepté su invitación y fuí a Barcelona sola y … Realmente, el equipo masculino chino logró ser campeón en aquel campeonato.

Araceli Segarra-Roca:
La primera mujer española que subió el Everest

Araceli Segarra-Roca es la primera mujer española en subir a la cima del Monte Everest. Nació en marzo de 1970 en Lleida, una ciudad que está a 160 km de Barcelona. Es licenciada en fisioterapia y se trasladó a Barcelona en 1991 para completar sus estudios.

En 1995 obtuvo el diploma en fisioterapia, con postgrado fisioterapia especializada en niños. En el verano de 1995, regresó al Himalaya y escaló la parte del norte del Everest en estilo alpino, a 7800 m. En 1996 volvió al Everest para hacer el rodaje de una película documental en IMAX. Su subida al Everest al estilo clásico, la convirtió en la primera mujer española que ascendió a la cima.

Pero, ¿cómo comenzó todo?...

Araceli comenzó a practicar la espeleología deportiva cuando tenía 15 años, su interés por la montaña nace al hacer un curso de espeleología, aunque también le gustaba mucho hacer senderismo, esquí, escalar en roca y en hielo. Una de sus hitos en escalada de altura fue el GSEM (Tolox, Malaga) a 1070m. A partir de los 18 años comenzó a practicar otros deportes relacionados con la montaña. Su primera expedición al Himalaya fue BroadPeak en 1991 (Pakistán) de 8047 metros, dónde consiguió subir a 7100 metros, posteriormente,a los 21 años. En 1992 aseguró su primer 8 mil, en el Shishapangma central realizado en estilo alpino, mientras que al mismo tiempo, continuó combinando la técnica de escalada de alta montaña.

En 1996, mientras rodaba el documental de IMAX Everest (1998), participó en el equipo de rescate del desastre del Everest que tuvo lugar en 1996 y se le reconoció la idea de localizar con una "X" la red de aterrizaje del helicóptero de rescate.

Araceli Segarra-Roca usa principalmente el estilo alpino en el escalamiento.

Araceli es una mujer a quién le gustan los retos a juzgar por los objetivos que se ha marcado a lo largo de su carrera como alpinista. Siempre escala en "estilo alpino" una técnica más difícil que requiere de mayor preparación. En los últimos años ha participado en expediciones a la India, Ganesh, de 6796 m en 1997 y ese mismo año, recibe la medalla de bronce de la Real Orden de Sporting al mérito, otorgada por el Consejo Superior de Deportes y en 1999 realiza escaladas en Mali.

En el año 2000 intenta el K2 en el norte de China, y asciende a 7500 m. En la primavera de 2001 intenta la cima del Kanchenjunga, pero se retiró a 500 metros de la cumbre debido al mal tiempo. En el 2002 vuelve al K2, y alcanza los 7100 metros en la cresta sureste.

En el 2003, vuelve al Karakorum, pero debe abandonar a tan solo 70 metros de la cima del Gasherbrum a 8046 m. Ese mismo año en otoño, termina en el Ama Dablam en Nepal de 6812 m. En el 2007 vuelve al Everest para comenzar el rodaje de la segunda parte de la película de IMAX Everest, esta vez con cámaras 3D. El documental se estrenó en el 2013.

Además de su carrera de alpinista, Araceli explora otras facetas y comienza a escribir e ilustrar varios libros. Hijos de Tina, del libro "Siete cumbres", la serie se publicará en

Araceli con Tina, quién subió a los picos más altos de los siete continentes

Araceli compartiendo con el público la experiencia relacionada con el alpinismo en TED Talk

chino a través de Chengdu Little Tiger Culture Media Co. Ltd.

En 2008 publicó sus dos primeros cuentos de una colección de siete Tina en el Everest, Tina en la Antártida, y más tarde, Tina Aconcagua, Tina Kilimanjaro, Tina en el Denali, etc. Tina, la protagonista de estos cuentos, es una chica con cabello azul, que trata de llegar a la cima más alta de cada continente y utiliza el deporte y viajar como una herramienta para enseñar sobre los valores, comportamientos y culturas diferentes.

A lo largo de todos estos años, Araceli ha organizado actividades de montaña, ha hecho de modelo profesional, ha sido conferenciante, escritora e ilustradora.

Entrevista a Araceli Segarra-Roca

Controla tu destino

Siempre creo que no somos marionetas del destino, que podemos controlar lo que ocurrirá mañana y no es un hecho al azar, lo que suceda mañana es la consecuencia de nuestras acciones y principalmente de nuestra actitud.

Elige tu actitud y elegirás tu futuro.

P: ¿Qué palabra sale de tu alma todas las mañanas?

C: Aventura, exploración, descubrimiento, aprendizaje... Bueno, no voy por ahí exactamente así, son más bien las palabras que describen mi estado de ánimo casi todos los días por la mañana.

Creo que cada día es una oportunidad para descubrir, aprender, y creo francamente que es emocionante no saber qué va a pasar, ahí está la aventura sin subir montañas o ir a una jungla. Hay aventura todos los días.

P: ¿Crees que es una palabra ligada al hecho de ser mujer?

C: Aunque a primera vista puede parecer que la aventura casi siempre está asociada a grandes nombres de exploradores masculinos, yo creo que sí. Las mujeres han tenido que ser muy aventureras y continúan siéndolo, aunque no estamos reconocidas como deberíamos.

A menudo tenemos que nadar contra corriente para lograr nuestros objetivos, y luchar contra el mal tiempo, aún y así, son muchas las mujeres que consiguen grandes logros, y de alguna manera, están viviendo vidas aventureras.

Cada vez que pienso en mi hogar, lo considero mi armadura, un lugar para que uno se enriquezca de experiencia.

P: ¿Qué significa Barcelona para ti?

C: Muchas oportunidades, la ciudad multicultural y plural, de alguna manera, un lugar para vivir aventuras que continuamente me ofrece la oportunidad de seguir formándome.

P: ¿Cuál ha sido la ciudad/país más inolvidable en tu carrera?

C: No puedo elegir una, eso significa que sólo uno de los viajes que he hecho ha valido la pena, y si abres tu mente, todos los lugares pueden ser inolvidables. Thimbu en Bhután, Lhasa en elel Tíbet en China, Ouagadougou en Burkina Faso, Cartagena de Indias en Colombia, El Calafate en la Patagonia... muchos otros.

P: ¿Qué hace atractiva una ciudad para ti?

C: El olor, la luz, la geología, las tradiciones...

P: ¿Puedes encontrar esa misma atracción en Barcelona?

C: Si alguien no puede, debe ser ciego.

P: ¿Qué es lo que más te gusta de Barcelona?

C: Esas pequeñas y viejas calles, los barrios antiguos con pequeñas tiendas de artesanías hechas a mano, la arquitectura modernista, los restaurantes y la brisa del mar.

P: ¿Recuerdas todavía la celebración de los Juegos Olímpicos de Barcelona del 1992?

C: Sí, yo estaba en mi ruta de acceso al Tíbet y veía algunos de los eventos en la televisión local en Nepal.

En el otro lado del Everest está China, un lugar donde se encuentran nuevos retos

P: ¿Conoces Shanghái? ¿China? ¿Algún país oriental?

C: Shanghái no, pero he escalado en varias ocasiones en la China y en el Himalaya.

P: ¿Qué piensa que te une a las atletas mujeres de Shanghái?

C: El objetivo del aprendizaje alcanzado a través del deporte y los viajes; la afirmación de nuestra independencia, autoestima y la igualdad de género.

P: ¿Qué significa Shanghái para ti?

C: Un lugar nuevo, con nuevas oportunidades, dónde aprender otra cultura, ya que la realidad misma tiene muchas formas de verse.

P: Si se te pidiera describir Shanghái, ¿qué palabras elegirías? ¿Por qué?

C: Exótico, ya que será diferente a todas las cosas que conozco.

Sobre las mujeres, los cambios

P: ¿Cuál es el significado de ser mujer en tu profesión?

C: Cuando comencé en el mundo del montañismo, apenas existían las redes sociales, aún y así, conseguí la atención de los medios que utilicé para desmitificar conceptos sobre las diferencias entre hombres y mujeres en el alpinismo y normalizar algo en lo que no tendría que haber distinciones.

P: ¿Y en la vida?

C: Identidad propia.

P: ¿Cuáles son las dificultades/obstáculos/que las mujeres encuentran a menudo al hacer deporte o en los deportes?

C: No prestar atención a su propia llamada, a sus instintos y dejar que otros opinen para dirigir sus pensamientos.

Sin ningún miedo a la altura, Araceli tiene el triunfo como misión.

P: El alpinismo ha sido un deporte predominantemente masculino. ¿Qué opinas de este tema?

C: Hombres y mujeres podemos subir por igual, una montaña no cambia la inclinación de la ladera para quién la está subiendo, sea hombre o mujer.

P: Comparado con tus colegas hombres. ¿qué diferencias existen entre las mujeres que escalan? ¿Cuáles son las características de tus colegas mujeres?

C: Estoy en mi equipo como una persona que escala, no como una mujer que escala, así es como lo veo y como quiero que sea. No busco las diferencias. Me enfoco en lo que todo el mundo, como un miembro más sea hombre o mujer, puede aportar al equipo. Si buscamos equidad e igualdad señalar las diferencias no ayuda.

P: ¿Cuáles son las diferencias en el trabajo como deportista y como entrenadora?

C: En mis conferencias para empresas, utilizo la escalada como una metáfora, comparo la físicamente, mentalmente y emocionalmente incansable y complicada subida de una gran montaña, con el análogo extenuante y complicado mundo de la vida de negocios.

P: ¿Cómo equilibrar su vida familia y su trabajo como mujer?

C: Sonriendo.

Entre las dos ciudades, los corazones están cerca, conectada está la amistad.

P: Si digo Barcelona-Shanghai, ¿qué te sugiere?

C: Dos ciudades con comunidades cosmopolitas, dos culturas aparentemente opuestas, dos hermanas en la distancia.

P: ¿Cómo construirías un puente entre las dos ciudades?

C: Con deseo de descubrir, saber, aprender y compartir.

P: ¿Cuál ha sido el puente de tu vida?

C: Curiosidad y respeto.

P: ¿Has conocido alguna vez a atletas mujeres de Shanghái? ¿Algunas semejanzas y diferencias entre ellas y tú?

C: Nunca tuve la oportunidad.

La fuerza de mujer: para romper las limitaciones e inspirar a las jóvenes

Sigue tus instintos, permanece fiel a tus principios, no hay problemas, sólo obstáculos y los obstáculos pueden superarse, lo más difícil es dar el primer paso.

P: ¿Quién ejerció la influencia más grande sobre ti cuando eras joven?

C: Mis amigos, no tiendo a admirar a gente que no conozco sólo porque están en la portada de una revista, prefiero tener en cuenta los que están a mi lado.

P: ¿Cuál es la subida más memorable que recuerdas?

C: Muchas. Standhard Tower en la Patagonia, Xixapangma en el Tíbet, Nameless Tower en Pakistán, Amadablam en Nepal, Tsaranoro en Madagascar y por supuesto Everest.

P: ¿Qué es lo que más aprecias y atesoras cuando vives y formas parte de una escalada con los miembros del equipo?

C: Uno de los mejores regalos que puedes tener de tus compañeros de equipo es ser aceptada como parte del equipo, valorada y querida.

P: Como escaladora ¿Qué es lo que más necesitas para tener éxito en el deporte?

C: Actitud. Y que no me transmitan sus miedos.

REFERENCIAS:

http://www.aracelisegarra.com

La espada y yo somos una. Así explica Zhong Weiping, la ex-principal componente del equipo nacional de esgrima de China. Se hizo famosa a los veinte años de edad, por ganar el campeonato de esgrima femenino en IX Juegos Nacionales del año 2001. Pero detrás de los triunfos, están un esfuerzo y persistencia inimaginables.

El mar y yo somos uno. Lo mismo dice Natalia Vía-Dufresne Pereña. Consiguió dos medallas de bronce en los Campeonatos Mundiales de Vela de forma individual y medallas de plata con su compañera Sandra Azón en los Juegos Olímpicos de 1992 y 2004, que le dieron fama mundial.

Una escondida debajo del traje grueso y la otra navegando en el mar, las dos medallistas comparten la misma soledad. Pero el deporte les ha ayudado a transcender la cobardía, el miedo, a superar las debilidades y a convertirse en mujeres valientes.

Zhong Weiping:
La esgrima me hace valiente

Autora / Wang Weizhen

Zhong Weiping, la ex-esgrimista principal del equipo femenino nacional chino de espada, se hizo famosa cuando era muy joven, logró ser la campeona del equipo femenino de espada de los novenos Juegos Nacionales de 2001 cuando tenía 20 años. En 2003, consiguió ser la campeona individual de espada en la final del campeonato nacional de esgrima de 2003 y campeona de equipo de la Copa Mundial de espada. Después del fracaso en los Juegos Olímpicos de 2004, pasó un largo periodo de descanso, e incluso se le ocurrió retirarse después de los Juegos Nacionales en 2005. En 2006, empezó todo de nuevo, ha logrado sucesivamente ser campeona individual de la Estación Nanjing de la Copa Mundial, campeona de equipo del Campeonato del Mundo, Subcampeona individual de los Juegos Asiáticos de Doha, así estaba en todo su apogeo. En 2012, debido a la lesión del ligamento cruzado de su pierna izquierda en las competiciones, y la herida en menisco, no podía participar en los Juegos Olímpicos en Londres, después se retiró.

Dicen que los caracteres deciden los destinos, sin embargo, ¿qué decide los caracteres? La respuesta de Zhong Weiping es: la esgrima. Es la esgrima lo que la hizo valiente y cambió la trayectoria de su vida.

Audacia

La primera entrevista con Zhong Weiping fue en la cafetería. Se sentó frente a la ventana grande, tranquila y abierta charlatana, tenía una sonrisa tan brillante como el sol fuera de la ventana. Es muy difícil relacionarla con la niña tímida y callada que fue décadas atrás.

Su padre murió de enfermedad y su madre la cuidó desde muy niña. Es muy fácil imaginar la fatiga de su madre, que tenía que criar a la niña mientras ella trabajaba. A pesar de todo eso, su madre hacía todo para darle un buen cuidado. Se preocupaba por las horas que tenía pasar la niña sola desde que terminaba las clases hasta que llegaba a casa, la incorporó a una clase extraescolar de wushu recomendada por unos parientes y amigos, así la niña podía aprender cosas y en compañía de otros niños.

Practicar wushu significa soportar sufrimientos. En aquél entonces, Zhong Weiping ya tenía siete años y su ligamento ya no era tan fuerte, cada vez que presionaba su ligamento, le dolía mucho. Para hacer los gestos bien y bonitos, tenía que dar un puntapié levantando la pierna más alto que la cabeza, y no tener miedo a caer cuando hacía la voltereta hacia atrás, si no, le esperaría el castigo del entrenador, pero como le gustó mucho el deporte, para ella, practicar wushu era duro pero al mismo tiempo, la llenaba de alegría.

En la escuela secundaria, se mudó del distrito Hongkou a Changning. ¿Cómo pasar el tiempo cuando termine la clase? Su madre se encontró con el mismo problema. Recomendada por una colega de su madre, entró en el equipo de esgrima de la organización nacional de deporte.

En aquel entonces, la película *Zorro* era muy popular, con la espada en mano, parecía muy ágil y guapo como Zorro; sin embargo, cuando se inició a la competición, le dio miedo, sólo sabía esconder y esquivar, olvidó cómo atacar.

"O saltar del edificio, o ir adelante a atacar," el entrenador le gritó.

No hay camino para atrás sino para adelante: atacar, y atacar ...

En la competición de esgrima, el último miembro se encarga de la responsabilidad mayor, porque su estrategia decidirá el destino de todo el equipo, sea aumentar la ventaja para ganar o reducir la distancia anterior para ganar. El entrenador siempre la designó para jugar el último partido. "Quiero ponerte en un puesto importante para tu bien." Dijo el entrenador, quien le confió y le dio esa fórmula para remediar su cobardía en el campo de batalla. Y ella perdió esa cobardía en los campeonatos y se hizo excelente.

En el deporte de la esgrima, algunos tienen estilo agresivo, otros lo tienen conservador, en el estilo se ven los caracteres y las formas de hacer del rival. Su estilo es dominador, que viene de su audacia y confianza en sí misma.

En el equipo de Shanghái, el entrenador la conocía muy bien, pero en el equipo nacional donde hay tantos talentos, todo empezó de nuevo; no bastaba con llamar la atención a los entrenadores con un excelente comportamiento en el combate, también tenía que comunicarse bien con los entrenadores y compañeros del equipo. Pero como era tímida, no sabía comunicarse bien. El ambiente totalmente nuevo, los entrenadores desconocidos, los compañeros de caracteres diferentes, le hicieron pensar: "¿Cómo hacerme conocer? ¿De qué manera comunicarme?" Poco a poco, se volvió abierta y se atrevió a expresarse. Para ella, fue otro logro importante.

Dicen que el carácter cambia el destino, lo que cambió su carácter totalmente, de ser una chica tímida y cerrada a una mujer valiente y abierta, fue precisamente la esgrima.

¿Qué hago si pierdo?

En las competiciones, cada deportista va a por la medalla de oro.

Como en las dos caras de una moneda, una cara es la confianza y el deseo de la victoria, la otra cara es la decepción y el miedo del fracaso. En las competiciones, la actitud hacia ganar y perder es el elemento decisivo, especialmente en las competiciones de esgrima.

En 1997, siendo ya deportista profesional, se encontró con cambios generacionales entre los deportistas, para los jóvenes, era una buena oportunidad de lucirse. Con pocos años de entrenamiento, en 2001, logró ser campeona del equipo en los Juegos Nacionales cuando acababa de cumplir veinte años, así se convirtió en la estrella del equipo nacional. Pero, en 2004, no todo marchó viento en popa, en los Juegos Olímpicos de Atenas, su actuación no fue buena. Por ello, en 2005 en los Juegos Nacionales, no estuvo en la lista de miembros principales del equipo.

Sin embargo, todavía tenía plena confianza a sí misma; en comparación con su estado a los veinte años, ya había avanzado mucho tanto en la capacidad como en experiéncia. Y además, ya tenía la experiencia de ganar en Juegos Nacionales, esta vez, tendría más oportunidades de ganar. Sentía que su capacidad y sentimiento ya estaba en su mejor nivel, y preveía que ese sería su momento de suerte.

Se equivocó. Jugó muy mal. Se sorprendió y lo sintió mucho: se había esforzado tanto y había practicado con afán, ¿por qué no compensó? Muy triste, se le ocurrió retirarse.

¿Retirarse o continuar? Se mantenía pensando en eso hasta el fin de 2005. Quería dejarlo, pero no quería renunciar después de más de 10 años de esfuerzos sin los merecidos logros. Después de una charla seria con el entrenador, decidió esforzarse una vez más. Esta vez, la meta eran los Juegos Asiáticos. Para participar en esta competición como miembro principal, tenía que ocupar buen puesto. Estaba preocupado mucho porque en el principio de 2006, todavía no estaba en buen estado, ocupó el octavo puesto mientras que para ser la miembro principal, debía ocupar por debajo del sexto.

Ya estaba más y más cerca de los Juegos Asiáticos, ¿qué haría si no podía adelantar el puesto?

El peor resultado sería volver a casa. Cada punto era el inicio de un nuevo capítulo. Entonces, ¿porqué tener miedo?

Cuando se quitó las preocupaciones por el puesto, jugó muy aliviada y logró ser campeona en la final de la Copa Mundial de Espada en Nanjing en 2006, y su puesto se convirtió en el segundo. A continuación, participó en el Campeonato Mundial de Espada en 2006 como deportista principal. Antes de la competición del equipo, el entrenador le preguntó: Mañana quiero mandarte a la competición, ¿tienes confianza de ganar?

Sí, contestó.

En esta competición, combatió junto con sus compañeras desde el primer combate hasta el último, al final, logró ser campeona. Y también se convirtió en la primera campeona para el equipo chino en estos Juegos.

Aquel día coincidió con la Fiesta de Medio Otoño, por la noche se reunieron los miembros del equipo y disfrutaron de los pasteles de luna traídos de China. Nunca ha experimentado una fiesta tan feliz como ésta.

A la mañana siguiente, por primera vez en su vida, se despertó riendose de su sueño. Se sentía un poco avergonzada tocando sus comisuras de la boca ascendidas: ¿Han despertado a su compañera sus risas? Descubrió que la otra se despertó más temprano que ella y le pasó lo mismo.

A veces, el cambio del pensamiento cambia totalmente la situación del partido.

En la competición de esgrima, cada tres minutos es una partida. Entre cada partida, hay un minuto de descanso en que el jugador se puede quitar la máscara, secar el sudor y beber. Una vez, cuando sus puntos contra la rival eran 3 : 10, el público creía que el resultado ya estaba decidido. En el descanso, cuando se quitó la máscara y se secó el sudor, su mirada se encontró con las muy conocidas de las personas de la primera fila. En este momento, se le ocurrió una idea: "No importa el resultado del partido sino la dignidad." De todas maneras, tengo que atacar con toda mi fuerza y mostrar mi dignidad. Se animó de nuevo y su rival cedió ante su ataque agresivo. Al final, con gran sorpresa ganó la competición.

La felicidad le espera en adelante

No le importa el resultado, porque, ¿qué pasa si pierde?

Cuando ya podía enfrentarse con el resultado peor, el miedo desapareció y la suerte llegó. Igualmente, después de retirarse, cuando se enfrentó con trabajos totalmente nuevos, se atrevió a "empezar de cero": "Aunque la corona de campeona brilla toda la vida, sólo representa la altura de aquel entonces, mientras que el trabajo es un inicio nuevo, ser campeona no garantiza hacerlo bien. " Por eso, hay que olvidar el título de campeona y mantener la actitud de "estudiante" para adaptarse y no tener miedo al fracaso.

Cuando era deportista, cada año sólo tenía una semana de vacaciones. Era común que las fiestas tradicionales coincidieron con los partidos y los deportistas pasaran las fiestas como el Medio Otoño y la Fiesta de Primavera en las competiciones. Entonces todavía no era popular el móvil, y usaban las tarjetas telefónicas. Las tarjetas eran tan gruesas como las cartas, cada noche, todas querían ser la primera en llamar a la familia. Cuando se encontró dificultades, se sintió frustrada, echaba mucho de

Tanto como situación en el campo, como el oponente y ella misma está cambiando constantemente, y cada pequeño cambio puede tener un impacto profundo en el resultado.

menos a su familia y no le importaba el contenido de la conversación por teléfono sino la voz de la familia. Al oír su voz, se sentía tranquila.

Su madre le apoyó en su afición a la esgrima desde principio, y al mismo tiempo, la cuidaba mucho. En 2006, su mamá la veía competir por primera vez como espectadora. Cuando terminó el combate, a su madre le costó mantener la calma y dijo: "No me invites a venir en el futuro, no lo puedo soportar. Sólo dime algo cuando termine el combate. " No lo podía soportar porque cuidaba tanto a su hija. Por la preocupación, cada ataque a su hija le parecía un ataque a su propio corazón. Por eso, toda su preocupación se convirtió en una frase: "Cuídate. "

Cada año cuando Zhong Weiping volvía a casa, su madre le cocinaba todo tipo de comida rica durante la semana. Ponía todo su amor y cariño en las sopas hechas a fuego lento y los platos deliciosos. Su madre lo hacía para que gozara de la reunión más feliz y el descanso más relajado.

Su marido también le da mucho apoyo en su afición a la esgrima. Para conseguir un buen puesto, pactó con él tener su bebé más tarde, y él estuvo de acuerdo sin dudarlo. En 2012, cuando estaba en el hospital para recuperarse de las heridas de los combates, su marido y su madre la cuidaban por turnos las 24 horas.

Ahora, como ya se ha retirado, puede acompañar más a la familia. Cree que una esposa ideal debe ser considerada. Su marido trabajaba como líder del equipo de ciclismo, cuando él se encontró con dificultades, ella nunca se quejó sino que le ayudó a analizar los problemas juntos, con los casos que había conocido y ofreciendole otro punto de vista. Por eso, a su marido le gustaba mucho comunicarse con ella cuando tenía problemas en el trabajo.

Dice con toda franqueza que no quiere ser una madre rígida. "Quiero dar a mi hijo una infancia feliz, si él quiere probar algo, que lo pruebe, que aprenda lo que quiera. " Ahora, a este bebé guapo y travieso, que tiene más de un año, le gusta aventurarse por todos los rincones de casa, limpiar la casa con la escoba, dar conciertos con una mazorca como micrófono ...

Se merece todo ese momento de levanter el trofeo por encima de la cabeza y disfrutar de la alegría del triunfo.

Le gusta tanto moverse sin parar, que parece heredar del dote del deporte de sus padres. Ya tiene su plan para el niño: el judo es un buen deporte, que le enseñará a protegerse mejor a sí mismo; el fútbol también es fantástico puesto que enseña la colaboración en equipo; y el tenis, le hace ponerse moreno y saludable con tanto sol en el campo.

¿Por qué no menciona la esgrima?

"Puede ser. Pero si le enseño, seguramente le exigiría demasiado y podría perder el interés por el deporte y eso no es bueno, por eso, estoy dudando. Deseo tratar a mi hijo como a mi amigo, pero si toda mi familia le trata de la misma manera, yo seré una madre tigre."

Ríe abiertamente.

Desde este momento, la felicidad le estaba esperando para darle un gran abrazo.

Zhong Weiping en los ojos de sus amigos

Chen Yan (ex-compañera del equipo)

P: ¿Cómo se conocieron?

C: Nos conocimos por la esgrima. Desde 1998, recibimos entrenamiento y jugamos en el mismo equipo.

P: ¿Qué le impresiona?

C: Seria e insistente, muy franca con los amigos. Cuando los otros se quejaban en los entrenamientos, los animaba: insiste un poco más. Por ejemplo, había ejercicios exigidos por el entrenador, que eran veinte acciones en cada serie, teníamos que hacer cinco series seguidas, muchos no podían cuando llegaban a la tercera, pero, ella insistía. Es decir, podía aguantar los entrenamientos más duros y era muy auténtica.

P: ¿Qué le impresionó más durante estos años?

C: Una vez, en la final del Campeonato Nacional de Yunan, se torció el tobillo al inicio, generalmente en este caso la mayoría se retiraría de la competición, pero ella no, siempre insistía hasta el final. Este espíritu me impresionó mucho y para mí era inolvidable.

Liu Yun (compañera menor del equipo)

P: ¿Cómo se conocieron?

C: Tenía sobrepeso cuando era niña y fui al equipo de esgrima por recomendación de mi familia con la intención de adelgazar. Conocí a Zhong Weiping cuando tenía diez años, en el tercer curso de la escuela primaria, ella era dos años mayor que yo.

A primera vista, me pareció una chica heroica, que tenía el temperamento de la general Mu Guiying, tal vez, eso tenía algo que ver con sus prácticas de Wushu desde muy pequeña.

En aquel entonces, como era mayor, a veces nos llevaba a entrenar según los requisitos del entrenador. Cuando yo tenía doce años, entró en el equipo municipal, y dos o tres años después, yo también entré en el equipo municipal, donde recibimos entrenamientos y competimos juntas de nuevo.

P: ¿Qué le impresiona?

C: En mi opinión, ella es muy franca, trata muy sinceramente incluso a los que aún no conoce muy bien. En los entrenamientos, me enseñaba practicar, especialmente me animaba cuando sentía miedo; en la vida, me daba consejos a partir de sus propias experiencias para que no me equivocara. Para mí, ella es una hermana mayor que cuida mucho a las hermanas menores. Siempre hace las cosas con afán, y sabe escoger. Cuando descubre que algo ya sobrepasa su capacidad, lo deja decidida. Es sensata. Dijo: "Lo que te mereces, el cielo te lo da. Lo que merezco, lo lograré, y lo que no merezco, no lo procuraré. "

P: ¿Qué le impresionó más durante estos años?

C: Ella tiene un fuerte sentido de misión, por eso, siempre asume gran presión. Cuando está bajo presión, se siente tensa. En los Novenos Juegos Nacionales, los entrenadores y los líderes pusieron toda la esperanza en ella y asumió gran presión, cada noche, cuando corría en la pista de atletismo, gritaba en alta voz allá en el estadio vacío. Era su manera de reducir la presión. Dijo: "Si me toca, iré. " Frente a la presión, se atreve a asumirla, tiene un gran valor. Sé que no es fácil persistir asumiendo tanta presión.

Sobre
las Dos
ciudades

P: ¿Ha ido a Barcelona? ¿Qué impresión tiene sobre ella?

C: Participé en la Copa Mundial de Barcelona cinco o seis veces, conseguí ser campeona en el campeonato de 2008, que me ayudó mucho para la participación en los Juegos Olímpicos. Recuerdo que había un partido que coincidió con nuestra nochevieja, que llovía mucho. Sin embargo, una compañera del equipo compitió muy bien, y quedamos entre los tres primeros puestos. De 2001 a 2008, cada fiesta de primavera estaba en el extranjero para las competiciones, generalmente añadimos un plato en la nochevieja, así celebramos la fiesta.

P: ¿Ha ido otras ciudades de España?

C: He tenido entrenamientos en Málaga. En aquel entonces, nuestro entrenador era local, por eso, recibimos entrenamientos allá. De lunes a viernes, eran días de entrenamiento, y en los fines de semana, íbamos al mar o subíamos a la montaña, donde había poca gente y paisaje agradable. Era un lugar poético. En el huerto de la montaña he probado níspero silvestre; que salió muy rico aunque no lo parecía; uvas buenísima; y fue la primera vez que probé moras.

P: ¿Shanghái es su ciudad natal, qué palabra le suena cuando mencionan Shanghái?

C: Casa, "fantástica", exquisita. Cada vez cuando volvía a casa, tomaba pequeñas bolas de masa, ravioles fritos en el sartén, cuando estaba en ultramar, los echaba mucho de menos. Pienso que las pequeñas bolas de masa que representan la vida exquisita de Shanghái, la carne se envuelve con una piel de harina fina, una bola para cada bocado, la envoltura es suave, la carne dentro es elástica, con rellenos de huevo, algas, cebolla, salen riquísimos, cada detalle les da un sentido delicado.

Cada vez cuando volvía a Shanghái, paseaba por el Bund y la calle Hengshan, para mí, es un gran placer pasear pasear por el corredor verde erigido a la sombra de los árboles y los edificios antiguos a ambos lados.

En la delicadeza, Shanghái se parece mucho a Roma, en un callejón, en una calle pequeña, encuentras artículos históricos y antiguos, por ejemplo, te encuentras con a Fontana de Trevi. En la calle Taikang y Hengshan de Shanghái, te encontrarás con edificios de cuento.

Natalia Vía-Dufresne Pereña:
Navegante de vela

Nacida en Barcelona, es hermana de la también regatista y medallista olímpica Begoña Via-Dufresne. La vida de Natalia cambió a la edad de 15 años cuando se clasificó en la clase 470 en tercer lugar en los mundiales de 2000 y 2001, así como en el europeo de 2001. Su palmarés de medallas ha sido amplio. Ganó dos medallas de bronce en el Campeonato Mundial, dos Olímpicos de plata (en 1992 y 2004) con su compañera de equipo Sandra Azón. Actualmente Laia Tutzó forma parte de su equipo.

"En 1981 el mar y yo nos convertimos en uno. " Según dice. Es el camino más inocente, pero no por ello menos intenso. Así fue como se entregó de pleno a su pasión, la vela. Como cualquier hermana pequeña que quería seguir los pasos de sus hermanos, que ya estaban practicando vela.

Esta es su historia explicada a través de sus palabras ...

"Nacida el 10 de junio de 1973, tenía ocho años cuando me inscribí a un curso de vela, el Club Olímpico Náutico de El Masnou en Barcelona. Esa experiencia despertó en mí la pasión por este deporte, hasta el punto de convertirlo en el eje de mi vida. Así fue como empecé a pasar todo mi tiempo libre en el mar, lo que me llevaría a formar parte del equipo catalán y ser seleccionada para el campeonato, primero nacional y pronto internacional.

"A los quince años, decidí cambiar de especialización; y jugar en una clase superior, la de Europa, que después de algunos intentos, se convirtió en deporte olímpico. Esto sucedió un tiempo antes de emocionantes Juegos Olímpicos que se celebraron en el 1992 en Barcelona. Trabajé duro para entrar en el equipo Preolímpico y conseguí una plaza. Fue un gran momento de mi vida deportiva y con sólo 19 años había conseguido una medalla de plata. "

La carrera de Natalia ha dado muchos triunfos, no menos que sacrificios, tanto de carácter deportivo en su preparación física, y sus entrenamientos en el mar, como en sus otras obligaciones, sacarse la carrera y continuar estudiando. Su dilatada experiencia en el mar la ha convertido en una de las medallistas más valoradas.

"Una medalla especial: Medalla de plata en los Juegos Olímpicos de Barcelona 92, después de este hito, me licencié en fisioterapia y estética Quiromasaje, estudiaba y continuaba entrenando duro. También estuve dos años trabajando con el Departamento de Deportes de Marketing femenino en Nike. A la edad de 24 años, otra vez cambié el tipo de embarcación a una 470, una clase dual en el que navego desde entonces con mi compañera de equipo Sandra Azon. Juntas conseguimos medallas de bronce en los campeonatos del mundo en 2001 y 2002; plata y oro en el Campeonato Europeo en 2002 y 2003 respectivamente; diploma en sexto lugar y Olímpica en los Juegos Olímpicos de Sidney 2000 y una medalla de plata que nos llena de entusiasmo: los Juegos Olímpicos de Atenas 2004."

En el año 2005 Natalia emprendió un nuevo reto; comenzó a navegar con una compañera de equipo nueva, Laia Tutzó. "Ganamos la medalla de oro en los juegos del Mediterráneo en Almería en el 2005. Después de este nuevo triunfo, estuve dos años totalmente relajada en la modalidad de vela crucero y monotipos. Sin embargo, mi espíritu competitivo emergía una y otra vez, así que al final, decidimos preparar la campaña de clasificación para los Juegos Olímpicos de Pekín del 2008. Con sólo ocho meses de preparación, me involucro en mi cuarto Juegos Olímpicos, en el que terminé décima."

Cabe destacar que su etapa de vela de crucero, durante el 2007 y 2008 compitió en regata con el grupo de Santa Ana Real Estate como estratega de 56 millas y un TRANSPAC52. Al año siguiente, sirvió como capitana en un equipo exclusivamente femenino, el equipo femenino de Maltesers y en el 2010 participó como experta en táctica de 45 millas de Valencia guard Notebooks Rubio. Asimismo, en monotipo navegó con su propia barca en Beneteau Platú 25 de 2007 a 2010, compitiendo en el circuito nacional e

Natalia Vía-Dufresne Pereña en cooperación tácita con su pareja en los Juegos Olímpicos de Atenas

internacional, apoyada por el patrocinio de Santa Ana Real Estate Group, Central Lechera Asturiana, soluciones de navegación, Musto y Oakley.

"Creo sinceramente que mis trofeos son testigo fiel de mi pasión por la navegación competitiva." Éstos son algunos de los más destacados:

Vela Olímpica:

- *Doble Medalla de vela olímpica: plata en Barcelona 1992 y Atenas 2004.*
- *Medalla de Bronce en los juegos del Mediterráneo de 1997 y 2005 en 470.*
- *Medalla de Oro en el Campeonato de Europa de 2003, en Brest 470.*
- *Medalla de Plata en el Campeonato Europeo de 2002 en Irlanda 470.*
- *Medalla de Bronce en los campeonatos del mundo en 2001 y 2002 en 470 y en Europa en 1995 clase.*

Siete veces campeona de vela

Siete veces campeona de Vela Crucero: táctico y estratega IMS500 (JV56) con el equipo de vela de Santa Ana Real Estate Group en el 2005. Estrategia con el equipo TP52 Santa Ana Sailing Team en 2006. Primera en la Sardinia Rolex Cup/ISAF Offshore equipo Campeonato Mundial en 2006. Skipper en GP42 con el equipo de Luis Alegre en 2008. Tácticas en los primeros 45 con los Notebooks de Rubio equipo en 2010. Monotipos: Campeonato XXVI de la Copa del Rey en el barco de la Marina Rubicón (X35) como táctica, en 2007. XXXIV primer lugar en el trofeo Conde de Godó, como patrón y patrocinada por Santa Ana Real Estate Group (Platú 25) en lugar de 2007. Primera en la Copa de vela de BMW y sexta en el Campeonato del mundo en Creta como patrón y patrocinada por Central Lechera Asturiana (Platú 25) la nave la nave en lugar de 2008. Primera en la Copa de Mónaco Primo, tercera de España en Marbella Copa y cuarta en el Campeonato Mundial en Punta Ala como capitán y la nave patrocinada por Central Lechera Asturiana (Platú 25) en 2009.Match carrera: tercer lugar en El Puerto de Santa María (Cádiz) y octava en las mujeres europeas, como patrón, en 2007. Tercer lugar en el campeonato, como patrón, en el año 2009.

El triunfo es el fiel testimonio de mi pasión por la vela competitiva.

¿Cómo comenzar el día lleno de ánimo?

P: ¿Qué palabra sale de tu alma todas las mañanas?

C: Motivación y aprender de los retos que plantea la vida para crecer.

P: ¿Crees que es una palabra ligada al hecho de ser una mujer?

C: Creo que hay algo que tiene que ver, pero dependiendo de la persona, no por el hecho de ser una mujer. Aunque creo que si tenemos en cuenta la estadística entre hombres y mujeres, las mujeres dan mejor resultado en el camino de la motivación que los hombres. Creo que somos más combatientes y persistentes ante cualquier desafío por pequeño que sea.

Hogar, la palabra más cálida

P: ¿Qué significa Barcelona para ti?

C: Barcelona es mi ciudad natal, donde vivo y mi base. El deporte hace que viajes mucho, pero siempre me gusta volver a casa y disfrutar de mi ciudad.

P: ¿Cuál es la ciudad más inolvidable de tu carrera?

C: Sidney es la ciudad más inolvidable que he visitado en mi carrera.

P: ¿Qué hizo que la ciudad fuera atractiva para ti?

C: Pasé algún tiempo en Sidney, preparando los Juegos Olímpicos en el año 2000 y recuerdo que la gente era muy agradable, la ciudad es muy agradable y está muy bien cuidada.

P: ¿Puedes encontrar la misma mencionada atracción en Barcelona?

C: ¡Claro! Barcelona es más bien una agradable pequeña ciudad. Puedes escoger diferentes y variadas actividades.

P: ¿Qué te gusta más de Barcelona?

C: El horizonte del mar cuando estoy navegando.

P: ¿Si se te pidiera que comparases Barcelona con un deporte, cuál sería?

C: No puedo imaginar un sólo deporte, para mí si tengo que compararla... Barcelona es "todos los deportes", es los Juegos Olímpicos.

P: ¿Recomendarías a las mujeres del extranjero trabajar y continuar sus carreras en Barcelona? ¿Por qué?

C: Por supuesto, Barcelona es una ciudad fácil y cómoda, puedes encontrar gente de todas partes y trabajo, hay oportunidades si lo quieres.

P: ¿Recuerdas todavía los Juegos Olímpicos del 92 en Barcelona?

C: ¡Sí! Casi fue ayer. Los Juegos Olímpicos del 1992, marcaron un antes y un después.

¿Te apetece venir y enfrentar nuevos desafíos en Shanghái?

Para mí, fue un país difícil porque yo no podía hacerme entender, por el idioma. Culturas muy diferentes, pero conocí a una gente muy agradable.

P: ¿Conoces Shanghái?

C: No he estado nunca en Shanghái pero he leído sobre ella y es una de las ciudades más importantes de China. Estuve en Qingdao en los JJOO de 2008 y pasé un día por Beijing en el viaje de vuelta. No conozco más, pero me hubiera gustado visitar muchos sitios de Oriente.

P: ¿Qué crees que te une a las mujeres deportistas de Shanghái?

C: Creo que aunque tengamos diferentes culturas, somos deportistas y esto une mucho. Tenemos capacidad de trabajo, sacrificio y esfuerzos similares, adaptación a los cambios, del tipo que sean. La capacidad de ser resolutivas, y el deseo de poder realizarnos como mujeres.

Fuerza de mujeres en tu opinión

P: ¿Cuál es el significado de ser mujer en su profesión?

C: Por un lado, se ha abierto caminos en el mundo del deporte a competir en vela en las disciplinas, en los Juegos Olímpicos, pero también me da la sensación que me he estancado cuando competía en carreras de equipos dónde la mayoría de componentes de equipo eran hombres, y quién lidera el equipo prefiere un hombre a una mujer en puestos importantes, como el barco o las decisiones estratégicas de conducción.

P: ¿Y en la vida?

C: En la vida, ser una mujer me ha dado la oportunidad de tener mi hijo y vivir la maternidad a los 40 años y tranquilamente disfrutar de cada paso de esa nueva vida.

P: ¿Sientes que las mujeres que conoces están interesadas en el deporte? ¿Has percibido el entusiasmo deportivo de las chicas en el instituto?

C: Sí, porque a veces las chicas parece que siguen un modelo. Cuando explico mi carrera o doy un discurso en las escuelas, siento que ellas están ahí y sienten el deporte.

P: La vela siempre ha estado dominado por los competidores masculinos. ¿Qué opinas de este tema?

C: Es cierto, es difícil que te valoren si no eres un hombre. Personalmente, lo he vivido así, es difícil.

P: ¿Comparado con los hombres, cómo son las mujeres regatistas, diferentes de ellos? ¿Cuáles son las características de tus colegas?

C: No somos tan diferentes. La única diferencia es que los hombres son físicamente más fuertes que las mujeres y los hombres tienen muchos años de ventaja, de experiencia y conocimiento, simplemente por haber tenido más acceso y oportunidades en el mundo.

P: ¿Has encontrado más dificultades o desafíos cuando cambiaste de ser una deportista a una modelo?

C: Sí, tuve que aprender a hacer discursos y ser más social que cuando estaba entrenando o en haciendo vela.

P: ¿Cuáles son las diferencias en el trabajo entre una deportista y una entrenadora?

C: Cuando yo estaba compitiendo mis acciones eran mi responsabilidad, pero cuando yo soy la entrenadora, puedo aconsejar o recomendar qué hacer antes, pero no depende de mí.

P: ¿Cómo concilias tu trabajo y tu familia como mujer?

C: Es difícil de manejar porque tengo un niño que reclama mi atención y él es mi prioridad, así que ahora cambiaron los papeles...

En China también hay una ciudad costera.

Es la unión de dos puntos, el acceso para conectar dos lugares separados ...

P: Si digo Barcelona y Shanghái, ¿qué te sugiere?

C: Modernidad, futuro, sinergias... Son dos grandes ciudades junto al mar que han cambiado mucho en los últimos 25 años, creo que hay paralelismos y unión entre ellas.

P: ¿Cómo construir un puente entre las dos ciudades?

C: Veo Shanghái como una ciudad más moderna y avanzada que Barcelona, pero creo que Barcelona tiene una buena base que consiste en experiencias vividas en muchos aspectos tales como, deportes, cultura y economía que Shanghái podría utilizar.

Barcelona podría aplicar el sistema de la ciudad moderna que tiene Shanghái y ambas unir su poder como dos ciudades que crecen juntas aún más, y ser un ejemplo de que la unidad es la fuerza.

P: ¿Cuál ha sido el puente de tu vida?

C: El Deporte y los valores que comporta practicarlo. A través del deporte he aprendido a ser la persona que soy, con inquietudes, con ilusión por vivir, venciendo a los malos momentos y mirando hacia el futuro.

Como modelo con el arte de vida, ayudar a los jóvenes a alcanzar sus metas

Definir los objetivos y las dificultades para alcanzarlos. Estar motivado y convencido de sus objetivos. Ser fuerte y trabajar duro. Mucha dedicación para un largo camino.

P: Se cree que los deportes juegan un papel importante en la formación de la personalidad y el carácter de las personas. ¿Dónde y cómo pueden ayudar los deportes en este sentido?

C: Creo que el deporte tiene que desarrollarse en un entorno donde hay reglas de juego, donde es necesario aceptar las derrotas y aprender lo que es el compañerismo. Fortalecerte después de haber superado tus objetivos.

P: ¿Quién ejerció la mayor influencia sobre ti?

C: Mi entrenador.

P: ¿Cuál es la carrera de vela más memorable que recuerdas?

C: Los Juegos Olímpicos de Atenas 2004.

P: ¿Qué aprecias más cuando convives y participas en vela con los miembros del equipo?

C: Tener un buen ambiente a bordo y divertirse a la vez que compites.

P: ¿Todavía soléis salir a navegar juntos los miembros del equipo?

C: Sí, me gusta navegar con el equipo es muy agradable.

P: ¿Cómo describirías tus relaciones con los miembros del equipo?

C: Creo que me apoyo mucho en la relación con los miembros de mi equipo, soy competitiva, pero valoro mucho la relación personal.

Apoyada en el velero, Natalia mostrando su medalla de plata

P: Como regatista, ¿qué es lo más necesario para tener éxito en este deporte?

C: Conocimiento, experiencia, ser competitivos y no pensar que los chicos van a ganarme.

P: ¿Quién es el primero en tener noticias de tu éxito?

C: Mi entrenador.

P: ¿Qué tipo de apoyo recibías de los miembros de tu familia en el desarrollo de tu carrera?

C: Tenía siempre un apoyo incondicional, siempre y cuando no dejara de estudiar y terminar la carrera universitaria. Siempre han estado cuando los he necesitado.

P: ¿De dónde proviene tu espíritu competitivo? ¿Crees que está relacionado con tu educación?

C: No tengo ni idea...

P: ¿Quién ejerce mayor influencia sobre ti en tu vida, tu padre o madre?

C: Mi madre.

P: ¿Qué cualidades se necesitan para ser una buena regatista psicológicamente y mentalmente? ¿Crees que estas cualidades son útiles en la planificación de tu vida?

C: Hay que tener la cabeza fría, para tener el objetivo muy claro y esto hace que no baje la guardia y de esta manera que las dificultades externas no hacen que descienda el rendimiento y no me afecten tanto. Y tratar de adaptar todo esto a la planificación de mi vida.

P: ¿Cómo defines el éxito?

C: En conseguir el objetivo marcado.

P: ¿Qué influencia tiene la experiencia de ser una regatista en su personalidad y manera de ser? ¿Ejemplos?

C: Creo que en nuestro deporte estamos muy acostumbrados a tomar decisiones al momento y a aceptar los cambios muy bien. Creo que somos personas con una gran capacidad de sacrificio y no dejamos trabajos a medias.

P: Estabas sujeta a altibajos cuando eras atleta. ¿Cómo pasaste de esos momentos malos a los grandes logros?

C: Siempre hay malos momentos, pero no hay que permanecer en la condición de "perdedor". Es necesario motivarse rápidamente con algo nuevo, para buscar una alternativa. Por esta razón es importante ser fuerte mentalmente.

P: ¿Haces deporte a menudo con tu hijo? ¿Qué deportes le gusta hacer al niño?

C: Vela... No mucho, pero tiene tres años de edad. Solemos correr juntos, él con la bici y yo corriendo cerca de él. ¡Le gusta hacer carreras y ganarme!

P: ¿Qué esperas de tu hijo en el deporte?

C: Por el momento no espero nada. Deseo que practique algún deporte para su crecimiento personal, pero no voy a determinar cualquier cosa que él no quiera hacer.

REFERENCIAS:

www.nataliaviadufresne.com

Natalia Vía Dufresne [https://en.wikipedia.org/wiki/Natalia_V%C3%A-Da_Dufresne].

El nombre Tao Luna está destinado a ser grabado en la historia.

Fue una alegría inolvidable cuando Tao ganó en la competición de pistola de aire de diez metros en los 27º Juegos Olímpicos de Sydney del año 2000. Y fue la primera medalla de oro del equipo olímpico de China de aquel año.

La medallista shanghainesa abierta y leal comprende la importancia de la educación y de la persistencia. Después de retirarse, se ha dedicado a la promoción de la actividad deportiva en edad escolar. Su nueva identidad de madre le ha inspirado nuevas facetas del deporte, que no consisten sólo en ganar sino también en formar y desarrollar la personalidad.

Tao Luna:
El fracaso es el lugar más próximo al triunfo

Autora / Wang Weizhen

Tao Luna, famosa tiradora, es franca y leal. Ha logrado ser seis veces campeona de la final de Tiro de la Copa Mundial entre los años 1997 y 2002. En los vigésimo séptimos Juegos Olímpicos del año 2000, consiguió la primera medalla de oro de tiro para el equipo chino, y además, fue campeona femenina de pistola de aire de 10 metros batiendo el récord y subcampeona de la competición femenina de pistola deportiva de 25 metros con la puntuación de 689.8 batiendo el récord. En 2002, alcanzó el récord mundial de pistola de deporte de 25 metros con la puntuación de 594. En 2006, en los Juegos Asiáticos de Doha, ha sido la campeona tanto individual como del equipo del campeonato femenino de pistola de aire de 10 metros batiendo el récord asiático del mismo.

En 2000, obtuvo el título de la Mejor Tiradora Mundial la Federación Internacional del Tiro, y en 2001, logró la misma distinción.

Desde marzo de 2019, Tao Luna desempeña el cargo de secretaria general del Comité del PCCh en el Centro Deportivo de Ciclismo y Esgrima de Shanghái y el de vicepresidenta a tiempo parcial en la Federación de Mujeres del Distrito de Xuhui de Shanghái.

Tao Luna me dice: escriba sobre los fracasos. Las historias de triunfo han sido repetidas miles veces, en realidad, el fracaso es el lugar más cercano al triunfo.

La amargura que sufrió en Barcelona

En 1998, cuando tenía 24 años, Tao Luna participó en Barcelona por primera vez en el Campeonato Mundial.

Hicieron sonar tanto las pistolas que podía oírlas claramente aun con los tapones para los oídos. Sin embargo, aún resonaban con más fuerza los latidos de su corazón con la pistola en mano. Los latidos sonaban como tambores de guerra que tocaban cada vez más rápido y la empujaban a levantar la pistola y apuntar ...

En esta competición, junto con otras compañeras, logró ser campeona del equipo femenino de pistola deportiva, mientras que, en las competiciones individuales, no entró en los primeros ocho puestos.

Para ella, el Campeonato Mundial es más difícil que los Juegos Olímpicos. En las Olimpiadas, cada país sólo podía mandar a dos deportistas mientras que, en el Campeonato, tres. Más deportistas de alto nivel significan una competición más fuerte, en cierto sentido, esta medalla de oro es más valiosa que la de los Juegos Olímpicos. Y además, esta medalla afectaría directamente su participación en los Juegos Olímpicos. Se pusieron en ella muchas esperanzas como principal deportista del equipo, y deseaban que fuera la campeona en esa competición.

Tao Luna no esperaba una derrota tan dura y se sintió muy mal. Se arrepentía, estaba inquieta y frustrada ... Los sentimientos negativos la afectaron tanto que no logró buena puntuación en los Juegos Asiáticos en Bangkok del fin de año.

¿Porqué tiraba tan bien en los campeonatos menores y tan mal en las competiciones más importantes? ¿En qué forma participaba en las competiciones? ¿Cómo debía prepararse? Los fracasos la ayudaron a reflexionar. "El fracaso de Barcelona debió a las ansias de ganar, que eran demasiado fuertes", resumió. El alojamiento de aquella competición estaba

El triunfo vendrá cuando no se piense en nada más que el mismo proceso y los detalles.

en un edificio de una universidad, que era muy silencioso por la noche. Pero la noche antes de la competición, no pudo dormir: se puso muy nerviosa por tener que competir con deportistas de tanto nivel y deseaba coronarse como campeona y conseguir la participación en los Juegos Olímpicos ... Es malo pensar en el resultado de la competición. "Para la competición más importante, hay que mantenerse tranquila. "

Sabiendo esto, entrenó su mente y encontró el estado necesario para alcanzar su meta. Logró ser campeona femenina de pistola de aire en los vigésimo séptimos Juegos Olímpicos en Sydney en septiembre de 2000 con una puntuación de 488.2. Cuando mira hacia atrás, los sufrimientos en Barcelona tienen sentido. Los fracasos son acumulaciones de experiencias que resultan en más tranquilidad y coraje. Los fracasos en la competición del Campeonato Mundial en 1998 y en los Juegos Asiáticos son los preliminares para su triunfo en el campeonato en el 2000.

Las tres condiciones para ser campeona

Para ser campeona mundial, se necesita un don. Al principio, Tao Luna mostró su don. Empezó a practicar el tiro cuando se incorporó al equipo de su escuela secundaria, la Escuela Ming De de Shanghái. Al inicio, se interesó por este deporte su compañera de mesa, quien la animó a inscribirse. Sólo con dos clases, demostró tener más puntería que nadie. Aunque el gimnasio como campo de tiro no reunía las condiciones idóneas y tenía pocos entrenamientos, logró ser campeona en un campeonato municipal. Su excelente puntuación llamó la atención del entrenador del distrito, y fue invitada al equipo del distrito. Esto fue el punto de partida

¡Qué estupendo es el tiro deportivo!

de su carrera profesional.

Para ser campeona mundial, se necesita un entusiasmo permanente. Cuando era niña, Tao Luna se vestía como un niño, llevaba pelo corto y no tenía ninguna falda en su armario de ropa. Se aficionaba al deporte, aprendió a montar en bicicleta y a patinar, el deporte que más le gustaba era nadar. En verano, iba a la piscina todos los días y cada día nadaba dos o tres veces, así se volvió muy morena. En cuanto al tiro, al tener el primer contacto, se enamoró de este deporte en seguida. Cada vez que cogía la pistola, se sentía muy satisfecha porque no todos tenían la oportunidad de hacerlo.

Cuando recibió el entrenamiento en la escuela secundaria, tomaba el trasbordador para llegar al campo de tiro. En invierno, como oscurecía muy temprano, sólo podía practicar media hora antes de volver a casa. Gracias al entusiasmo, nunca se quejó del inconveniente por el transporte, que le hacía perder una hora y media para cada media hora de práctica. Y durante el entrenamiento en la escuela superior, tenía que pedalear cuarenta y cinco minutos en bicicleta para ir de la escuela al campo de tiro. Una vez que se encontraba mal y su familia le aconsejaba no ir al entrenamiento, ella insistía en ir y decía: "No, tengo que ir. " Debido a su pasión, el entrenamiento siempre ocupó el primer lugar en su vida. El suministro limitado de balas hacía que las prácticas aburridas de preparación con la pistola sin balas ocuparan la mayor parte del tiempo. A pesar de eso, practicaba con afán realizando bien cada movimiento. En su afición, el aburrimiento no la frenaba. Los entrenamientos de tiro significan soportar el frío durante mucho tiempo, la rigidez del dedo con que aprieta el gatillo; el calor en verano y los sudores. Pero la pasión por el tiro la llevaba a superar todas las dificultades.

Sin embargo, no basta con el don y el entusiasmo para ser campeona, también se necesita suerte, tiempo y harmonía. "El triunfo y el fracaso son comunes en la lucha. " Es fácil marchar con el viento a favor, pero marchar contra el viento es una dificultad a la que se han de enfrentar las grandes deportistas.

Cuando se encuentra con problemas, busca la respuesta en sí misma. Es la lección que recibió de su familia. Cuando era niña, un día se le olvidó llevar paraguas y se vio obligada a volver a casa bajo la lluvia. Ni sus padres, quienes trabajaban, ni su abuela que ya era mayor irían a buscarla a la escuela para que no se mojara como hacían otras familias. Así aprendió a llevar paraguas cuando llovía. Cuando discutía o peleaba con otros niños, sus padres siempre la hacían reflexionar y nunca criticaba a los otros. Por eso, cuando tropezó con fracasos, nunca buscó pretextos para disculparse, sino soluciones en sí misma. Así es ella y así es la actitud con que afronta los fracasos en las competiciones.

En los Juegos Olímpicos de Sydney del año 2000, la competición

Tao Luna ganó la primera medalla de oro para el equipo de China en los Juegos Olímpicos de Sydney.

femenina de tiro con pistola era su segunda competición individual. En aquel entonces, acababa de conseguir ser campeona de pistola de aire de 10 metros y se encontraba en un estado ideal. Por eso, en el primer turno de tiro lento consiguió una puntuación de 299, sólo le faltó un anillo, una puntuación excelente y rara de ver en los campeonatos mundiales.

Generalmente, su puntuación de tiro rápido era mejor que la de tiro lento; en el tiro rápido normalmente no bajaba de 295, eso significaba que si competía como de costumbre en el tiro rápido, no solo lograría un oro más, sino que también alcanzaría el récord mundial de 594, y si se mantenía o mejoraba, le sería posible batir el récord mundial. Sin embargo, en la segunda etapa, su puntuación de tiro rápido sólo fue de 291. Aunque batió el récord Olímpico, no consiguió batir el record mundial por 0.5 puntos.

La competición no se podía repetir y era muy difícil volver a lograr una puntuación de 299 en el tiro lento, así que perdió la oportunidad de batir el récord mundial. "No podía mantener la calma, pensaba en el resultado."Aún lo sentía mucho cuando lo recordaba. Cuando reflexionaba sobre los errores, tenía un conocimiento más claro de la importancia de la mente y de las emociones en las competiciones individuales, y un conocimiento más profundo de la disciplina del tiro. En algún sentido, tirar y hacer macarones tiene algo en común: con la misma harina y huevo, algunos pueden hacerlos excelentes y otros no, porque no tienen un buen dominio del agua, la temperatura y los detalles del medio ambiente. En el tiro, si te concentras en cada movimiento básico y dominas bien el proceso, el triunfo llegará, aunque no lo busques.

En la competición, ocurrieron muchos imprevistos, por ejemplo: se produjo una ruptura del percutor de la pistola que necesitó cambiar, el peso del gatillo no era suficiente y necesitó ajustarlo al peso conveniente cosa que resultó muy difícil y no se sentía cómoda con el agarre; la rival de su lado era zurda al disparar, acercaba tanto su cara a la suya que notaba su aliento al respirar.

Más ejemplos: tenía que ir al campo de tiro después de decenas de horas del vuelo, sin tiempo para adaptarse al horario; cuando estaban en los Juegos Asiáticos en Busan, el alojamiento estaba muy lejos del campo de tiro, para asistir a la competición de las nueve, tenían que levantarse a las cuatro de la madrugada ... Para contrarrestar estos inconvenientes, tienes que prepararte mejor, cuando cuidas más los detalles, vas más tranquila al campo del tiro.

En 2002, en la final de la Copa Mundial de pistola de 25 metros, logró 594 puntos y alcanzó el récord mundial. El nombre Tao Luna está arriba de la tabla de puntuación, en el récord mundial. Cuando estuvo bien preparada, la diosa del triunfo le sonrió.

Si buscas los errores, estarás más cerca de la victoria; si marchas contra las dificultades, serás más fuerte. En 2004, Tao Luna fracasó y dejó con pena los Juegos Olímpicos de Atenas. En 2012, cuando consiguió la medalla de oro de la sesión anterior, fue el foco de atención, sin embargo, ahora vuelve a ser normal y corriente. Caer en el valle desde la cumbre es muy penoso, el contraste enorme hace que te sientas sola y tengas más ganas de triunfar. En la confusión y la soledad, se dijo a sí misma que tenía que insistir, y confiar en sí misma, tenía que esforzarse por reconvertir las dificultades para convertir su sueño en realidad.

¿Cómo puedo conseguir la excelencia? Se preguntaba. Sabía que cuando estaba tranquila, podía competir bien. Entonces, actuaba como un caracol. La "Canción del caracol" dice: "Bajo el cielo, tengo un gran sueño/el caparazón pesado envuelve mi mirada ligera/tengo que subir paso a paso/hasta el punto más alto de la hoja... "Perseguía la humildad y la firmeza, avanzaba cada día un poco, avanzaba más despacio y más estable.

Al cabo de dos años, en los Juegos Asiáticos de Doha en 2006, logró la medalla de oro con la una puntuación de 391 batiendo el récord asiático de la competición femenina de pistola de aire de 10 metros. "Para mí, esta medalla de oro es más preciosa que la de los Juegos Olímpicos de 2000. "

Tao Luna dice: la medalla de oro tiene un triple significado: Primero, significa que eres la campeona; segundo, es importante para el resto del mundo, por ejemplo, la medalla de oro de Liu Xiang en la carrera de obstáculos de 110 metros de los Juegos Olímpicos fue muy importante porque cambió la historia del atletismo en Asia; tercero, refleja la fuerza de voluntad del deportista. Así esta medalla, reflejó su subida desde el valle hasta la cima y la convenció, cuando la vio, de su propia fuerza y le devolvió la confianza en sí misma.

El auge y caída de su carrera profesional le hacen revisar las causas de su fracaso. En la Copa Mundial de 1999, obtuvo 390 puntos en la eliminatoria, empatada en primer lugar junto con su compañera de equipo Ren Jie. Al final de la tarde, su nota era 100,5 mientras que la de Ren Jie era 103,5 aros ..." Fue segunda." Después se sentía muy mal, y sintió pena por muchos años. Sin embargo, visto con la perspectiva de los años, descubrió que estaba equivocada: aunque perdió el primer puesto, la medalla de plata poseía la misma calidad que la de oro. En las competiciones de alto nivel, basta con jugar al máximo nivel de uno mismo. Aunque no fuera la primera, su esfuerzo y puntuación fueron reconocidos. Se alivió.

La educación de los jóvenes es otro "campeonato"

Si los logros del campo de tiro se miden por las medallas, ¿como se mide el triunfo en la vida?

El triunfo en la vida consiste en una meta grande, no se satisface con una vida rica y cómoda sino con el esfuerzo por ayudar a más gente.

Tal vez por ser madre, Tao Luna puso su atención en la causa del deporte de los jóvenes. "Actualmente, a los niños les falta tiempo para el deporte y para dormir. " Preguntó a muchos niños y le dijeron que aparte de ir a las clases y hacer los deberes, tenían que ir a todo tipo de cursos

¡Ven con mama,mi bebé, que crezcas haciendo deportes!

los fines de semana. "Desde el punto de vista de una madre, la salud de los niños es lo que más me importa. Si los niños no tienen suficiente tiempo para dedicarlo al deporte, su constitución física e incluso su salud se resentirán. Para ella, el deporte es una forma excelente para mejorar tanto la salud como el carácter de los niños. Ella lleva a su hijo a hacer ejercicio cuando tiene tiempo libre.

A veces, cuando pasea con su hijo, le propone hacer una carrera de diez o veinte metros. En la competición, nunca finge perder sino que corre a su velocidad real, así enseña a su hijo a conocer el fracaso y el triunfo. En su tiempo libre, lleva a su hijo al parque para jugar con el tobogán, porque jugar y sudar también es un tipo de deporte. En un centro comercial, hay un tobogán llamado "Diablo" que tiene una pendiente larga y brusca que da miedo hasta a los adultos, pero ella acompaña a su hijo a jugar para enseñarle ser valiente en el deporte.

También lleva a su hijo a nadar, hacer el Taekwondo y el Go. "El Taekwondo enseña a la gente el respeto y la cortesía, nadar hace al cuerpo suave y el Go enseña a la gente a pensar muy lejos. El fútbol y el balon-cesto cultivan el espíritu del equipo porque necesitan colaboración; la maratón puede reforzar la voluntad y ayudar a la gente atreverse a romper sus límites; la vela exige vencer el miedo al mar; la esgrima mejora la capacidad de reacción; pilotar drones exige coordinación de manos y vista; los prototipos de automóviles y de barcos no sólo son deportes de inteligencia, también exigen concentración ..." Aunque sólo unos pocos pueden ser campeones, cada uno sumergido en el deporte que le gusta puede mejorar sus cualidades. El deporte puede enriquecer el espíritu, especialmente para las niñas y los niños, los deportes educan y cultivan su voluntad y cualidades.

Por eso, como deportista, quiere asumir una misión: despertar en más gente la conciencia del valor del deporte para la juventud e impulsar a más gente a participar en la promoción de deporte entre los jóvenes y convertir el deporte en una parte imprescindible de sus vidas. Afortunadamente, después de retirarse, tuvo contacto con el Departamento de Juventud de la Oficina de Deporte y participó en la organización de actividades deportivas como el "Campus Lawrence de Fútbol" promoviendo el acceso de excelentes deportistas al Campus y las competiciones municipales deportivas infantiles y juveniles. A través de la participación en las organizaciones que hacen estas actividades, ayudó a los niños y niñas a tener un conocimiento más profundo del espíritu del deporte.

El Premio Lawrence World Sports fue el primer proyecto en el que participó, para hacerlo bien hacía falta tener habilidades tanto de dirección como de producción. Como directora se encargaba de hacer una excelente presentación mientras que como productora tenía que coordinar a las personas y los recursos para garantizar la calidad de la presentación. Para ella, fue un gran reto coordinar los elementos y las ideas de la parte internacional, la seguridad de los participantes, la participación de los patrocinadores y organizar a las personas desconocidas con diversas opiniones. Por ejemplo, para hacer el montaje, había que considerar el presupuesto y la seguridad, y necesitaban la aprobación de las autoridades del Distrito Huang Pu.

Detrás del resultado, se veía "la lucha del combate" de la coordinación de varios departamentos. Igual que para conseguir éxitos en los Juegos Olímpicos, no sólo se necesita excelencia profesional, sino también la combinación de la táctica, la tecnología, y la capacidad de jugar sobre el terreno; la organización de una actividad de estas características es un examen para la capacidad de una persona. No tiene miedo a los retos ni a las dificultades. Cree que no hay problemas que no tengan solucion. Cada vez que se enfrentó a algún fracaso, aceptó los nuevos retos con mayor seguridad y perseverancia. Confía en que, aunque no ve la rentabilidad por momento, si ha aguantado la época más difícil, la victoria está cerca. Eso es lo que aprendió de los campeonatos de tiro y ahora quiere recompensar a la causa deportiva con las habilidades adquiridas.

Esta vez, no hay medalla, pero hay más sentido de éxito.

Tao Luna en los ojos de sus amigos

Tang Weiwei (CEO de Plataforma de Discurso Teatral ZAOJIU, Redactora jefe de la versión china de la página web de Forbes)

P: ¿Cuándo conociste a Tao Luna? ¿Qué te impresionó a primera vista?

C: La conocí en una reunión de amigas, tomamos el té juntas y hablamos mucho en un ambiente muy ameno. Gozamos de una conversación muy agradable y en esta charla informal, vi que es una persona independiente y directa.

P: ¿Qué opinas sobre ella?

C: Es firme. Mantenerse como tiradora durante tantos años es una buena prueba de ello. Es muy inteligente, animada, alegre, responsable y leal. Una vez, la invitamos a participar en una conferencia celebrada en un teatro. El primer conferenciante se puso tan nervioso ante tanta gente que no podía ni hablar. Hablamos con Tao Luna, que planeaba ser la última en hablar, de la posibilidad de ir primera y ella estuvo de acuerdo sin dudarlo. El cambio de turno es importante. Pasar de ser la última a la primera en hablar seguramente le podía suponer mucha presión, porque también era la primera vez que daba una conferencia en público. Creíamos que también se sentiría muy nerviosa, sin embargo, cuando subió al escenario, habló muy bien, y su buen inicio ayudó a los conferenciantes que la siguieron. En momentos clave asume la responsabilidad, significa que es muy responsable y leal; me dio una gran sorpresa su comportamiento excelente en aquella ocasión.

Liang Sunlong (Vice Gerente General de la página web Observaciones)

P: ¿Cuándo conociste a Tao Luna? ¿Qué te impresionó a la primera vista?

C: En 2009, cuando me encargaba de la revista Observaciones Sociales en el Instituto de Ciencia de Shanghái, un amigo me presentó a Tao Luna, quien trabajaba para el bienestar público entonces. La conocí en los asuntos públicos del barrio. Me pareció muy animada y capaz a primera vista.

P: ¿Qué piensas sobre ella?

C: Firme, leal y entusiasta. Nos conocimos y nos hicimos amigos en los asuntos del bienestar público. El año pasado, participamos juntos en la organización del Torneo del Bienestar Público de Fútbol Copa Tong Zhou, que invitó a 16 equipos y teníamos patrocinadores. Los patrocinadores aportaron capital, eso era bueno, ¿pero la naturaleza del torneo cambiaría con eso? Eso nos preocupaba. Sin embargo, cada vez que negociábamos con los patrocinadores, Tao Luna insistía al principio enfatizando que la competición era del bienestar público. Afectada por su insistencia, la parte de patrocinadores dejó las consideraciones de negocios y se inclinó hacia el bienestar público. Su persistencia y seriedad me impresionaron mucho.

Sobre las Dos Ciudades

P: ¿Qué impresión tiene sobre Barcelona?

C: ¡Entusiasmo! Recuerdo que cuando estaba en Barcelona, cerca de mi alojamiento he podido ver un espectáculo de baile flamenco. Me impresionó mucho y me encantó. Son muy entusiastas. Conocí a un entrenador con barba que cada vez que me veía, me saludaba dándome dos besos en las mejillas, cosa sorprendente para mi. Ellos se concentran mucho en las competiciones, recuerdo que había una tiradora, en el campo de tiro que se ponía muy seria con la cara muy tensa y tiraba muy bien y en aquella competición, se situó entre las ocho primeras. Por otro lado, me parece muy bonita la pronunciación de "r" (consonante retrofleja) en la fonética de castellano.

P: Shanghái es tu ciudad natal. ¿Cómo la describirías con tres palabras?

C: La primera será "Rigurosa", los Shanghaineses piensan en todo antes de hacer algo y siempre lo hacen según las normas; la segunda será "Moderna"; los Shanghaineses siempre se enfrentan a las cosas nuevas con una actitud abierta, por eso, la tercera será "Innovadora". Cuando se pone más alto, verá muy lejos, en una plataforma como Shanghái, la gente tendrá la consciencia de innovaciones y siempre persigue el liderazgo del mundo.

P: Si tienes oportunidad, ¿qué contacto quieres establecer entre las dos ciudades?

C: Se han realizado intercambios entre China, Japón y Corea en el tiro con pistola y con arco, deseo que realicemos intercambios en este aspecto con Barcelona. En los intercambios podemos aprender mucho. Cada ciudad tiene su característica y su espíritu, a través de las comunicaciones, podemos conocernos mutuamente y más profundamente.

Conclusión

Los seres humanos, tenemos en común malos hábitos como la pereza, el miedo o el egoísmo que nos afectan a todos de la misma manera, nos hunden como la gravedad, pero los deportes tienen la magia de hacernos subir hacia lo más alto y más allá, y nos permiten escapar temporalmente de la gravedad para llegar a un mundo más amplio.

Los deportistas son los que resaltan, entre ellos, las deportistas femeninas son las que tienen mayor conciencia de superar las debilidades y desafiarse constantemente.

Seamos chinas u occidentales, las mujeres estamos, en algún sentido, sujetas a restricciones culturales por el mero hecho de ser mujeres. *Lo importante para las mujeres es el matrimonio. Sólo los hombres pueden hacer ciertas cosas. Las mujeres nunca llegarán al nivel de los hombres. Las mujeres deben dedicarse a la familia y a las labores de casa. Las chicas no deben aspirar demasiado.* Algunos de esos comentarios muchas veces bien "bienintencionados" pueden venir de gente con la sencilla idea de querer proteger a las mujeres. Incluso las propias mujeres en quienes confiamos como la madre, las predecesoras o profesoras pueden estar de acuerdo con ellos, y nos enseñan a ser obedientes y a depender de los hombres.

No obstante, esos comentarios no hacen más que generar diferencias y desigualdades entre hombres y mujeres. Porque la capacidad de superación para ser más rápida, más alta, más fuerte viene de la naturaleza humana, independientemente del sexo.

Por ello, sentimos una gran fuerza y coraje al escuchar la historia de estas deportistas y su exploración de las posibilidades de la vida a pesar de las opiniones sexistas. Ellas han conseguido ocupar su lugar en eventos deportivos que fueron dominados por hombres, han logrado brillar en competiciones mundiales como los Juegos Olímpicos, y han animado a más gente, especialmente a más mujeres a dedicarse a las actividades deportivas. Ellas no sólo son un ejemplo para las mujeres, sino un gran tesoro para la humanidad.

No vamos a contar todo el esfuerzo que han hecho para conseguir sus logros, ni la presión y las dificultades que han tenido que superar. Al leer sus historias, ya vemos que tanto en Oriente como en Occidente, siempre existen entre nosotras unas abanderadas que proceden a verificar la opinión más profunda que compartimos, que es, toda persona tiene el deseo y la libertad de ejecutar su mayor habilidad.

Ellas representan el deseo de superar los límites y del instinto de promover el progreso.

Agradecimientos:

Wu Yuwen   Yu Shanmei   Tang Wei
Milós Gras   Maite Palomino   Anna Segarra   Esther Faig
Lei Ren   Maria Teixidor   Maria Freiría   Siwen Ning

Shanghái / China:
Foreign Affairs Office of the Shanghai Municipal People's Government
Shanghai Administration of Sports
Modern Family Publishing House
la Cámara de Comercio de España en China, División Shanghai
China Europe International Business School （CEIBS）
Consulado General de España en Shanghái
Impact Hub Shanghai
Museo Gaudí （Jiading)

Barcelona / España:
Barcelona-Shanghai Women Bridge （BSWomenB）
Consell de Dones de Barcelona （CBD）
Casa Asia
Cátedra China
Fundación Internacional de la dona Emprenedora （FIDEM）
Grup Edelmira Calvetó Futbol
Futbol Club Barcelona Femení （FCB）
Universitat de Barcelona （UB）
Consell Municipal de l'Esport de Barcelona